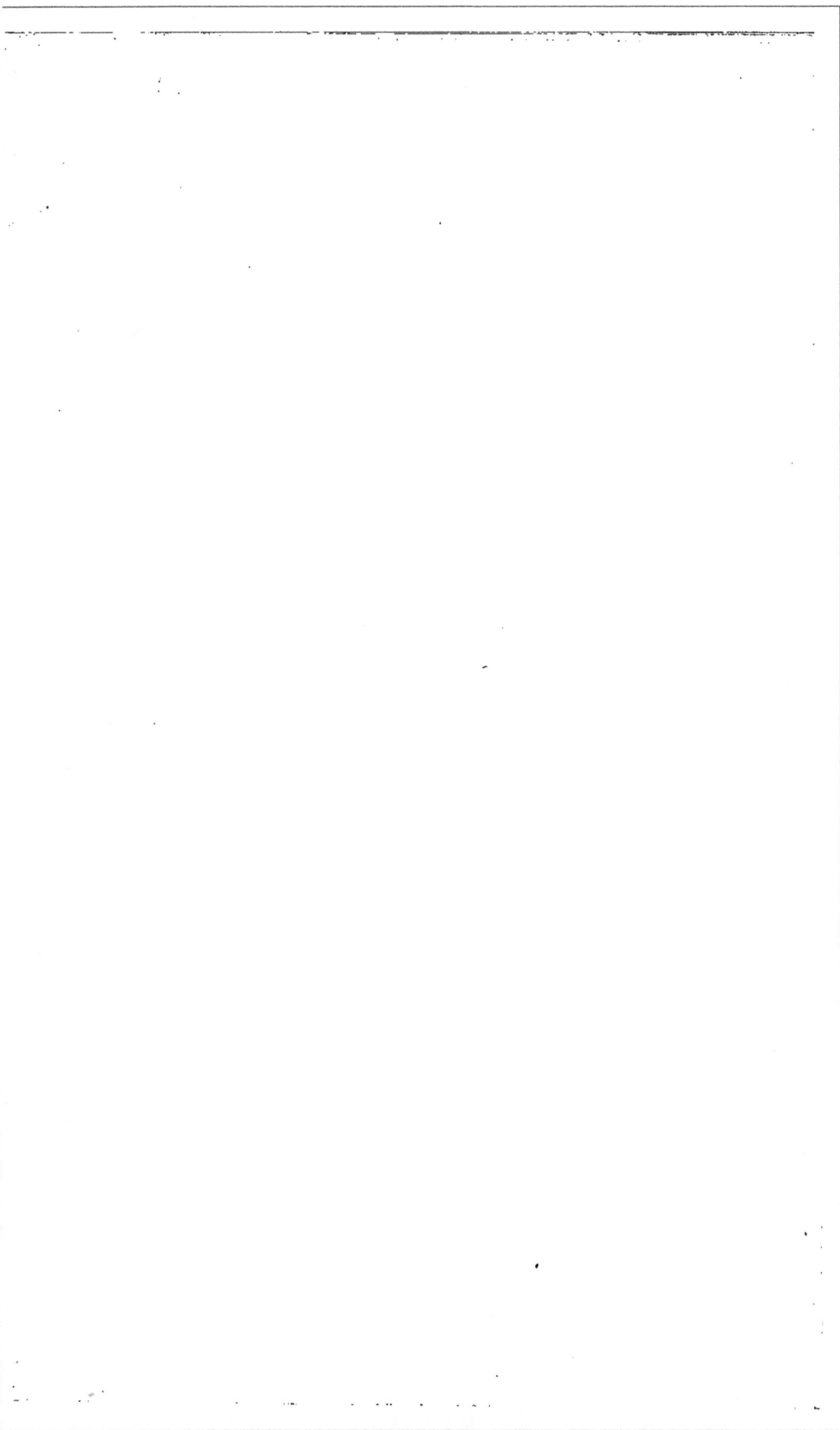

JOURNAL D'UN COMMIS AUX VIVRES

PENDANT

L'EXPÉDITION D'ÉGYPTE.

JOURNAL INÉDIT

D'UN COMMIS AUX VIVRES

PENDANT

L'EXPÉDITION D'ÉGYPTE.

VOYAGE A MALTE ET EN ÉGYPTE.

EXPÉDITION DE SYRIE.

PAR

ALEXANDRE LACORRE.

BORDEAUX

IMPRIMERIE D'ÉMILE CRUGY

Rue et hôtel St-Siméon, 16.

1852

AVANT-PROPOS.

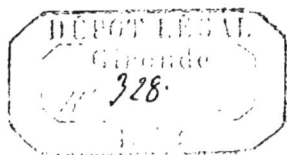

AVANT-PROPOS.

Les mémoires particuliers ont un grand charme : ce mélange de
la vie privée et de la vie publique présente à la fois l'intérêt de
l'histoire et celui du roman ; c'est la biographie d'un homme qui
se mêle aux événements les plus graves de la vie des nations; c'est
l'appréciation des faits historiques par un témoin oculaire. Souvent, ce témoin des faits n'a pas connu les grandes causes des événements, mais il a l'avantage de les juger sans être soumis au pres-
tige, quelquefois trompeur, des résultats heureux ou malheureux
qu'ils produisent par la suite des temps.

Les mémoires n'enseignent pas l'histoire entière d'une époque ;
ils ne montrent pas toujours l'ensemble des choses dignes de remarque qui se sont accomplies; mais ils gagnent en vérité posi-
tive ce qui leur manque en aperçus généraux. En les lisant, on ne
voit sans doute qu'un côté de l'histoire, et souvent un petit côté;
mais on le voit réellement, on apprend à connaître les hommes
tels qu'ils étaient, à comprendre comment les faits se sont véritablement passés, car ils se présentent au lecteur sans esprit de

iv

système, sans le reflet du succès qui les grandit et les dore , sans celui d'un échec qui les obscurcit et les abaisse au-dessous de leur valeur réelle.

Si l'écrivain est obscur, si sa position sociale est relativement infime, le cadre se rétrécit sans doute , mais la certitude de la vérité s'accroît en raison du désintéressement naturel du narrateur dans les grands résultats auxquels il est associé.

A ces titres, nous croyons que les mémoires que nous allons publier sont de nature à intéresser vivement les lecteurs; ils renferment le récit de l'un des événements les plus glorieux de nos guerres de la révolution, de cette merveilleuse campagne d'Egypte, qui mit le sceau à la gloire de nos armées.

L'auteur de ce journal historique, simple commis aux vivres , attaché à la division du général Lannes pendant la campagne de Syrie, puis plus tard adjoint aux gardes-magasins de Rosette et du Caire, a écrit ses souvenirs personnels sans prétention bien marquée, et très-probablement sans le dessein de les livrer un jour à la publicité. Ce qui le prouve, c'est le peu d'ordre et de méthode de son journal ; les incidents les plus vulgaires de la vie privée y prennent place à côté des événements les plus sérieux, les plus décisifs de l'expédition ; par exemple, l'auteur interrompt, sans préparation d'aucune espèce, le récit de sa lutte avec un chien qui volait son souper , pour raconter le combat naval d'Aboukir, la bataille de la flottille, et celle de Chebreïsse. S'il parle emphatiquement de ces grandes luttes de l'armée française de terre et de mer avec Nelson et les Mamelucks , c'est qu'il est quelque peu lettré, et qu'il n'ignore pas le beau style du temps ; mais son emphase philosophique ne dure guère, et il écrit les grandes choses qui se font en Egypte, uniquement parce qu'elles sont en quelque sorte mêlées avec les petits accidents de sa vie privée.

Du reste, le héros de son Odyssée, c'est bien lui, et le *moi* tient une grande place, surtout dans la première et la troisième partie.

de ses mémoires. Il se met moins en scène dans la seconde, contenant le récit de l'expédition de Syrie. L'auteur, employé dans une armée active, est sans cesse mêlé à ses luttes et à ses dangers; les assauts et les batailles sont, en réalité, devenus des faits personnels pour lui.

Ces mémoires, achetés chez un bouquiniste de Bordeaux, sont écrits sur les feuillets d'un petit carnet, relié en veau brun, orné de filets et de fers poussés à froid et contenant quatre-vingt-huit pages, format in-18. Voici les titres qu'ils portent. On lit sur le revers de la reliure : *Premier journal*, VOYAGE A MALTE ET EN EGYPTE, *expédition maritime de Gênes.* Puis, sur le premier feuillet : MÉMORATIF *depuis mon départ de Milan, le* 12 *floréal an VI* (1er mai 1798). — *Voyage à Malte et en Egypte, expédition de Syrie.* — *Vieux Caire, le 10 brumaire an VII* (31 octobre 1798). ALEXANDRE LACORRE.

La première partie contient le récit de l'expédition d'Egypte, depuis la mise en mer du convoi de Gênes, le 28 floréal an VI (17 mai 1798), jusqu'au 16 pluviôse an VII (4 février 1799), époque du départ de l'armée pour Jaffa et Saint-Jean-d'Acre. Ce récit occupe les cinquante-une premières pages du carnet. Les trente-sept autres sont remplies par le compte-rendu de la campagne de Syrie.

Bien qu'il soit resté attaché à l'armée d'Orient jusqu'à l'évacuation définitive de l'Egypte, Alexandre Lacorre n'a point terminé son travail ; son journal s'arrête à la dernière page du carnet sur lequel ses souvenirs sont écrits, et cette dernière page ne conduit le lecteur qu'au septième assaut de Saint-Jean-d'Acre, qui eut lieu le 19 floréal an VII (8 mai 1799). L'armée leva le siége le 20 mai seulement, après soixante jours de tranchée ouverte, et elle fut de retour au Caire le 14 juin suivant.

Notre chroniqueur n'a rien laissé ni sur les assauts meurtriers qui ont suivi celui du 19 floréal, ni sur la retraite de l'armée.

Cela est à regretter, sans doute , car cette partie de l'expédition était de nature à présenter le plus vif intérêt historique.

L'intention d'Alexandre Lacorre était cependant de continuer ses mémoires, et on en trouve la preuve dans quelques fragments de papier et quelques brouillons de lettre renfermés dans la poche du carnet. Quelques-uns de ces souvenirs sont relatifs aux mœurs et aux coutumes de l'Egypte ; nous les avons intercalés dans le texte lui-même , ou placés au bas des pages ; d'autres sont d'une nature par trop intime pour être publiés ; les derniers, enfin, sont relatifs aux événements politiques, et ils étaient destinés évidemment à servir de base à la suite du journal. Nous en avons composé la troisième partie des mémoires d'Alexandre Lacorre, en y joignant des notes explicatives.

Cette dernière partie est loin d'être dénuée d'intérêt ; elle donne sur la vie et les habitudes des Français en Orient, sur leurs relations avec les habitants du pays, sur l'évacuation de l'Egypte en 1801, des renseignements précieux.

Alexandre Lacorre n'écrivant que pour lui, et ne s'occupant que d'une façon incidente des événements, nous avons cherché à compléter sa narration et à la rendre intelligible pour tout le monde. Pour la première partie, celle qui est relative à la conquête et à l'envahissement de l'Egypte, nous avons eu recours à un vieil imprimé, intitulé : *Relation générale de la campagne de Bonaparte en Egypte, avec toutes les lettres écrites par ce général et le général Berthier, recueillies sur le* RÉDACTEUR (1), *et d'après les pièces originales de l'imprimerie de Latapy et Comp., rue Devise-Saint-Pierre, n 8, à Bordeaux.* Nous avons emprunté à cette publication du temps les lettres du général Bonaparte, quelques-uns de ses arrêtés et de ses proclamations, l'extrait d'un document qui ren-

---

(1) Journal de l'époque.

ferme de curieux détails sur Alexandrie, et enfin une lettre fort intéressante du général Dupuy, commandant la place du Caire, adressée par lui à l'un de ses amis de Toulouse.

Nous avons puisé à diverses sources les indications qui nous ont servi à faire les notes nécessaires pour rendre clairs et précis les souvenirs trop succincts dont se compose la troisième partie du journal. Nous indiquerons ces diverses sources.

Nous regrettons de n'avoir pu nous procurer des renseignements exacts sur Alexandre Lacorre, sur sa naissance, sa vie, ses services et l'époque de sa mort. Pendant quelque temps, nous avions espéré qu'il nous serait possible de les obtenir du ministère de la guerre, et, dans ce but, nous avions retardé la publication de cet ouvrage, déjà annoncé dans le *Courrier de la Gironde* au mois de juin dernier ; mais il a fallu renoncer à cet espoir. Les documents de l'époque, déjà éloignée, de l'expédition d'Egypte ont été déposés, à ce qu'il paraît, dans les archives de la Cour des comptes, et il serait sans doute difficile d'en obtenir communication.

Nous prenons donc le parti de publier le journal tel qu'il nous est parvenu.

Au point de vue de l'histoire, il a le mérite de donner, jour par jour, heure par heure, pour ainsi dire, et pendant toute une année, les mouvements de l'armée d'Egypte, les péripéties de son voyage sur mer, et les incidents de la campagne de Syrie, le tout soigneusement enregistré par un témoin oculaire, que sa position inférieure dans cette armée rend nécessairement impartial. D'un autre côté, si le journal d'Alex. Lacorre ne brille point par le style, il est écrit avec assez d'entrain et de bonhomie pour que la lecture en soit agréable et facile, et, tel qu'il est, nous croyons qu'il intéressera les lecteurs.

Cн.-Al. CAMPAN.

PREMIÈRE PARTIE.

PREMIÈRE PARTIE.

———◦◦◦◦———

VOYAGE A MALTE ET EN ÉGYPTE.

————

Je suis parti de Milan le 12 floréal au matin de l'an VI (1er mai 1798). J'étais très-incertain si je me rendrais à Paris, d'après mon passeport, ou si j'irais à Gênes pour tâcher de me faire employer à l'expédition maritime qui se préparait dans ce port ; cependant, après bien des réflexions pour et contre, je me rendis à Gênes, où j'arrivai le 14 dudit mois. Je ne fus pas fâché de revoir une seconde fois Gênes la *superbe*. Je n'avais pas bien vu la première fois ces magnifiques palais, cette activité dans le commerce, ce port et cette position imposante qui ne

contribuent pas peu à en faire un séjour agréable et très-
fréquenté par les étrangers.

Le convoi en était parti depuis six jours. — Le 20 du
même mois, ledit convoi revint de Toulon et mouilla
dans le port de Gênes.

Quelques mésintelligences entre l'empereur (1) et la République française au sujet de Bernadotte , ambassadeur
à Vienne, étaient cause que l'armée d'expédition avait
reçu contre-ordre pour l'embarquement ; mais cela s'ar-
rangea entre les deux puissances, et l'orage qui menaçait
d'éclater se dissipa.

Le 26, je me fis désigner pour être de cette expédition sur le N° 51 (2).

C'est d'après cela que le 28 floréal au matin (18 mai
1798), le même convoi mit une seconde fois à la voile,
sous le commandement de la frégate la *Sérieuse*, que mon-
tait le général Baraguay-d'Hilliers ; il avait pour escorte
deux galères génoises.

---

(1) L'empereur d'Autriche, qui était alors empereur d'Alle-
magne.

(2) J'obtins une place le 26 floréal sur le N° 51, et je suivis l'expédition en qualité de *commis aux distributions*. Le N° 51, bâtiment marchand, très-bon voilier , capitaine Clairiaut. L'équipage
était composé de dix marins. Les passagers étaient au nombre de
trente; il y avait quatorze chevaux, dont six au général Berthier ;
les autres à différents généraux.   (*Note de l'auteur.*)

Nous restâmes en croisière devant le port de Gênes le 28 et le 29 (1).

Le 30 au matin, nous nous trouvâmes devant Savone, deuxième ville de l'Etat génois, très-forte.

Le 1er prairial (20 mai 1798), calme ; nous fîmes très-peu de chemin.

Le 2, le vent enfla nos voiles, et nous conduisit à la hauteur de Saint-Remo, petit pays, mais dans une très-belle position et très-pittoresque.

Environ sur les dix heures du matin, la frégate revira à babord, et fut à la rencontre d'un bâtiment marchand américain qu'elle raisonna.

Le 3, calme jusqu'à minuit. Sur les deux heures du matin, le vent s'éleva, la mer devint mauvaise, l'orage suivit, et dispersa un peu le convoi.

Le 4, l'on continuait la route vers Toulon, lorsqu'à la hauteur de Monaco, la frégate nous commanda de virer à tribord et de rejoindre la flotte de Toulon, qui avait pris le large et faisait voile vers l'île de Corse.

La nuit du 4, le vent souffla très-fort, et, le 5 au matin, nous nous trouvâmes près de l'escadre.

Le 6, nous étions à la vue de l'île de Corse.

Le 7, nous avançâmes très-peu. Ce jour-là, nous vîmes de très-près l'escadre ; elle était composée de qua-

---

(1) L'armée avait alors le nom d'*armée d'Angleterre*.

(*Note de l'auteur.*)

torze vaisseaux de ligne, dont un à trois ponts. Il y avait environ douze frégates.

L'amiral Brueys commandait cette flotte. Le général en chef Bonaparte, le général Berthier et l'état-major général de l'armée étaient sur l'*Orient* (1), ainsi que les guides à pied et à cheval. Le soir, il fut ordonné une salve d'artillerie pour le général en chef.

Le 8, nous étions à la vue du port de Bastia.

Le 9, le calme fut si grand que nous ne fîmes aucun mouvement ; nous reçûmes ce jour-là le convoi d'Ajaccio.

Le 10, nous avançâmes un peu. Sur les deux heures après midi, on aperçut un corsaire qui venait à nous ; on détacha aussitôt deux frégates qui se mirent à sa poursuite. Comme il avait beaucoup d'avance, elles ne purent pas l'atteindre.

Le 11, nous nous trouvâmes vis-à-vis le cap Saint-Florent.

Le 12, nous marchâmes bien. Vers les onze heures du

---

(1) L'*Orient*, vaisseau amiral à trois ponts, d'une très-belle construction et ayant des chambres magnifiques ; il était armé de 120 pièces de canon. La première batterie était de 36, la deuxième de 24, et la troisième de 18. Il prenait 32 pieds d'eau ; il avait environ 3,000 hommes sur son bord, tant passagers que marins.

(Note de l'auteur.)

matin, nous aperçûmes les montagnes de la Sardaigne.
On nous signala dans cette île.

Le 13, nous approchâmes de Cagliari, la capitale.

Le 14, nous restâmes en croisière devant cette île,
malgré le vent favorable ; mais l'ordre était d'attendre le
convoi de Civita-Vecchia.

Le 15, nous fîmes la même manœuvre ; mais ensuite
la mer était tellement agitée, que nous fûmes obligés de
nous mettre à l'abri des vents, derrière les montagnes,
de crainte que quelques bâtiments ne soient brisés.

Le 16 au matin, on reçut ordre de marcher ; la tête
du convoi et l'escadre se trouvaient un peu éloignées ; on
ordonna de forcer de voiles.

Le 17, nous nous trouvâmes devant une petite île appartenant au roi de Naples, et qui sert d'exil aux grands
de la cour, quand ils sont coupables.

Le 18, nous doublâmes cette île et nous aperçûmes la
Sicile. Nous vîmes le mont Etna, le fameux volcan qu'ont
tant célébré les auteurs anciens.

Le soir, nous apprîmes qu'un brick avait été pris par
les Anglais, malgré tous les efforts d'une de nos frégates
pour le dégager ; mais l'ennemi ayant fait avancer deux
vaisseaux de ligne, elle n'eut que le temps de fuir.

Le 19, nous fîmes peu de chemin. Une frégate
amena deux bâtiments dont les papiers parurent suspects ;
on les mena à bord de l'*Orient*, où ils furent relâchés,
ayant été reconnus Grecs.

La nuit du 19, on signala par des bombes artificielles
pour signifier à l'escadre et au convoi de se rallier.

Le 20, à la pointe du jour , nous étions à la vue de
l'île de Gozo.

Le convoi de Civita-Vecchia était arrivé devant
Malte depuis trois jours , ce qui avait fait croire à
l'amiral Brueys, qui n'avait pas bien distingué le jour
d'avant (vu l'éloignement), que c'était l'escadre anglaise
qui se présentait pour nous livrer bataille. La flotte
française se tenait prête en conséquence ; on avait fait
branle-bas sur tous les vaisseaux de guerre, et l'escadre
s'avançait en ordre, suivie du convoi. Tout était rassemblé
sur les huit heures du matin. Cette expédition présentait alors un aspect imposant, les convois étant tous
réunis ; il pouvait y avoir environ six cents voiles.

Il fut ordonné à l'escadre de se mettre en panne , ce
qui fit présumer qu'il y aurait quelque chose , et qu'on
allait attaquer l'île. En effet, dès le soir même , on commença par une canonnade assez vive.

Le 21 au matin, l'on approcha de très-près de la ville ;
la canonnade continua tout le jour , tant de notre part
que de celle de la ville ; le soir, on fit débarquer des
troupes.

Le 22, il y eut des mouvements militaires, tant dans
l'escadre que dans le convoi. On débarqua encore beaucoup de troupes à l'île de Gozo. Dans cette journée,
l'on fit plusieurs chevaliers de Malte prisonniers. La

ville était déjà entièrement cernée ; elle fit cette nuit-là une vive canonnade.

Le 23 au matin, le canon se fit encore entendre, mais avec peu de vivacité. On prit dans la journée le drapeau de l'ordre de Saint-Jean-de-Jérusalem. On s'était aussi emparé des principaux forts environnant la ville ; mais cette dernière tenait encore. Le même jour, le besoin d'eau étant très-urgent, il fut ordonné un débarquement général.

Le convoi de Civita-Vecchia mouilla dans la *Cale de Marsa-Siroco;*

Celui de Gênes, à la tête de Saint-Paul ;

Celui de Marseille, à l'île de Gozo.

Le soir, on n'entendit presque plus tirer. Quelques heures après, nous apprîmes que le grand-maître avait envoyé des parlementaires à Bonaparte pour capituler et en venir à des arrangements. La capitulation fut signée la nuit même, et le 24, les troupes françaises entrèrent dans Malte. Cette nouvelle fut annoncée dans l'après-midi par une décharge générale d'artillerie (1).

L'escadre et quelques bâtiments entrèrent dans le port le 25.

L'île de Gozo, et généralement les environs de Malte, souffrirent beaucoup dans l'intervalle de ce siége. Ils fu-

(1) L'expédition avait alors le nom d'*armée de la Méditerranée.*
(*Note de l'auteur.*)

rent pillés et livrés à la dévastation (tristes effets qui
suivent toujours la guerre). Le soldat, qui avait été privé
de bien des choses sur mer , ne respecta nullement les
propriétés. Tout ce qui lui tombait sous la main était de
bonne prise. Malheureux habitants des campagnes , où
étiez-vous pendant ce temps ? Vous aviez abandonné vos
foyers, et vous étiez retirés à la capitale, à l'approche de
nos vaisseaux , sans doute pour ne pas être spectateurs
patients de vos calamités. Le prix de vos sueurs périt en
un seul jour ; il fut la proie d'un soldat avide ; vos terres furent ravagées et les récoltes abîmées ; vos petits
jardins, si habilement dirigés, furent foulés par des pieds
étrangers ; vos bestiaux contentèrent la faim de vos
vainqueurs !

Les Maltais sont Arabes d'origine ; il ne leur reste que
le langage corrompu, quelque air de ressemblance dans
la physionomie, et le teint très-hâlé ; ils sont naturellement tous fidèles et affables envers les étrangers.

Ils sont tous marins , pêcheurs et soldats. Leur costume ne diffère guère des nôtres. Ils portent pour sou-
liers une peau de chèvre mise en double et nouée sur le
pied. Ils sont très-laborieux et très-sobres. Leurs habi-
tations sont simples, petites, mais commodes et très-bien
tenues ; leurs terres ne sont pas étendues, mais elles sont
bien cultivées, quoique naturellement stériles et pierreu-
ses, et elles répondent encore à leurs peines par leur petit produit. Le sol de Malte rapporte en quantité du très-

beau coton, des oranges, des figues, et beaucoup de jardinage.

Nous fîmes de l'eau dans l'île de Gozo, où nous eûmes le temps d'examiner la campagne ; elle a des sites charmants et très-pittoresques. Il y a des cascades d'eau en grand nombre ; elle est en général très-bonne. Il y a des endroits de l'île où on a de la peine à en avoir.

Je fus à la ville le 26. Cette ville est très-bien bâtie ; ses rues tirées au cordeau ; ses maisons carrées et sans couvertures font croire au premier abord qu'on est dans une ville d'Orient. Elle est située en forme d'amphithéâtre, et paraît commander l'île par sa position élevée.

On y voit de beaux palais, entre autres le palais du grand-maître, qui forme un carré parfait ; les appartements en sont beaux et bien distribués. L'extérieur répond parfaitement au reste.

Il y a devant une place assez belle et ornée de deux jolies fontaines parallèles.

L'église de Saint-Jean est un très-beau temple ; son architecture est simple ; mais sa grandeur et sa position majestueuse, sa richesse qui le dispute à celle de la Mecque, la rendent remarquable parmi les édifices de ce genre.

Le port est beau, grand, sûr et commode. L'arsenal est assez bien fourni ; il est aussi bien bâti. Nous trouvâmes dans le port : quatre galères, un vaisseau à deux ponts et un *idem* sur chantier, d'une belle construction.

On est étonné des fortifications de Malte, et de la prodigieuse quantité de pièces de canon et de forts qu'on y voit. Elle est désormais imprenable, gardée par les Français.

La ville de Malte en général est propre et régulière en tout ; elle paraît avoir été toujours bien soignée ; beaucoup de maisons, blanchies en dehors, lui donnent un air très-riant.

Elle est fréquentée par beaucoup d'étrangers, sans compter les chevaliers des couronnes d'Europe qui y faisaient leur résidence. Beaucoup de Grecs y prenaient des établissements.

Il y avait environ huit cents esclaves turcs qui gémissaient dans les prisons de cette ville. Lorsque l'armée française y entra, le général en chef brisa leurs fers et leur offrit de les rendre à leur patrie ; ils s'embarquèrent sur nos vaisseaux où ils furent très-utiles pour la manœuvre.

On parle, dans cette ville, beaucoup de langues.

La conquête de Malte changea aussitôt la forme de son gouvernement. Le grand-maître retourna à la cour de Vienne, et les chevaliers prirent différents partis : les uns servirent sous nos drapeaux, d'autres retournèrent dans leur patrie. Leurs biens furent confisqués au profit de la République française, et les îles de Malte et de Gozo furent déclarées appartenant à la France.

Le général Vaubois resta commandant de cette importante place avec 4,000 hommes.

Le 29 prairial, on fut averti par des signaux de se préparer à mettre à la voile.

Le 30 au matin, on eut ordre d'appareiller sur-le champ. Sur les deux heures après midi, nous sortîmes de la baie de Saint-Paul, en cinglant vers l'île de *Candie* (1).

Le 1er messidor (19 juin 1798), le calme nous retint devant le port de Malte.

---

(1) L'armée navale sortant de Toulon était composée, y compris le convoi de Marseille, de ce qui suit, savoir :

Quinze vaisseaux de ligne, dont un à trois ponts, ci,	15
Treize frégates, ci,	13
Bricks et avisos, dix-neuf, ci,	19
Chaloupes canonnières, trois, ci,	3
Bombardes, quatre, ci,	4
Bâtiments de transport,	335
Le convoi de Gênes était composé de soixante-huit bâtiments et une frégate, ci,	69
Le convoi de Civita-Vecchia, de	90
Et deux galères, ci,	2
On peut mettre deux galères de l'ordre, ci,	2
Total,	552 voiles.

Ce qui formait un total de 552 voiles, lorsque nous sortîmes du port de Malte. (*Note de l'auteur.*)

Le 2 au matin, nous avions fait environ dix lieues ; mais le jour amena le calme, et nous restâmes à peu près au même endroit le reste de la journée et la nuit entière.

Le 3, nous avançâmes peu jusqu'au soir, que le vent s'éleva avec force et nous poussa en avant.

Le 4 au matin, nous avions fait environ vingt-cinq lieues.

Le 5, le vent continuant à être bon, nous nous trouvâmes avoir fait environ cent vingt lieues ; mais, dans le cours de la journée, le vent s'abattit et nous marchâmes bien moins.

Le 6, le vent de sud-ouest enfla nos voiles et nous fîmes beaucoup de chemin ; nous filions huit nœuds par heure.

Le 7, le vent continua à être bon.

Le 8, il changea ; mais nous marchâmes aussi vite.

Le 9, il fut très-favorable.

Le 10, nous aperçûmes les hautes montagnes de l'île de Candie. Le calme survint, et l'on profita de ce moment pour aller à bord de l'*Orient* (1) , afin d'y chercher des cartouches et des pierres à fusil, selon l'ordre du général en chef. Chaque soldat prit soixante cartouches et quatre pierres à fusil ; l'on conjectura beaucoup sur

---

(1) Vaisseau-amiral.   (*Note de l'auteur.*)

cette munition extraordinaire, puisqu'avant d'arriver à Malte, on n'avait pas fait de même. On s'attendit alors à un grand coup.

Le 11, calme ; on continua l'approvisionnement, et l'on passa la revue des hommes et des armes à bord de l'escadre et du convoi.

Le 12, le vent fut très-favorable (1).

---

(1) Voici les lettres que le général Bonaparte écrivit, à cette date, au pacha d'Egypte et au commandant de la Caravelle :

A bord de l'*Orient*, le 12 messidor an VI.

Bonaparte, général en chef, au pacha d'Egypte.

Le Directoire exécutif de la République française s'est adressé plusieurs fois à la Sublime-Porte pour demander le châtiment des beys d'Egypte, qui accablaient d'avanies les commerçants français.

Mais la Sublime-Porte a déclaré que les beys, gens capricieux, avides, n'écoutaient pas les principes de la justice, et que non seulement elle n'autorisait pas les insultes qu'ils faisaient à ses bons et anciens amis les Français, mais que même elle leur ôtait sa protection.

La République française s'est décidée à envoyer une puissante armée pour mettre fin aux brigandages des beys d'Egypte, ainsi qu'elle a été obligée de le faire plusieurs fois dans ce siècle contre les beys de Tunis et d'Alger.

Toi, qui devrais être le maître des beys, et que cependant ils tiennent au Caire sans autorité et sans pouvoir, tu dois voir mon arrivée avec plaisir.

Tu es sans doute déjà instruit que je ne viens point pour rien faire

Le 13 et le 14, *idem*.

Le 15, à la pointe du jour, nous aperçûmes les terres d'Egypte ; les marins nous en avertirent par de grands cris, et l'on se livra à la joie, en criant : La terre ! la terre !

Le 15 à midi, comme on s'approchait de la ville d'A-lexandrie, on donna contre-ordre, et l'on marcha vers la tour des Arabes ou le Marabout, à une lieue et demie

---

contre l'Alcoran, ni le sultan. Tu sais que la nation française est la seule et unique alliée qu'ait en Europe le sultan. Viens donc à ma rencontre, et maudis, avec moi, la race impie des beys.

Signé BONAPARTE.

A bord de l'*Orient*, le 13 messidor VI.

Bonaparte, général en chef, au commandant de la Caravelle.

Les beys ont couvert nos commerçants d'avanies ; je viens en demander réparation.

Je serai demain dans Alexandrie ; vous ne devez avoir aucune inquiétude ; vous appartenez à notre grand ami le sultan ; con-duisez-vous en conséquence. Mais, si vous commettez la moindre hostilité contre l'armée française, je vous traiterai en ennemi, et vous en serez cause, car cela est loin de mon intention et de mon cœur.   Signé BONAPARTE.

(*Relation générale de la campagne de Bonaparte en Egypte*, *recueillie par le* RÉDACTEUR. — Bordeaux, de l'imprimerie de Latapy et Cᵉ, rue Devise-St-Pierre, n. 8.)

de la ville, et située dans les sables de la Lybie (1).

La terre est si basse qu'on ne la voit que quand on est absolument auprès. La première reconnaissance est la colonne de Pompée et la tour des Arabes.

Il fut ordonné de hisser le pavillon tricolore, tant dans l'escadre que dans le convoi, afin de se faire connaître.

Il fut ordonné aussi que le convoi s'approcherait de terre le plus possible, afin de débarquer promptement tant les hommes que les chevaux.

Le soir de la même journée, il y avait déjà quatre mille hommes débarqués, quelques chevaux et un peu d'artillerie. Deux heures avant la nuit, trois vaisseaux turcs saluèrent, par une décharge d'artillerie, l'escadre française.

Pendant cette journée, quelques Français, qui voulurent aller se baigner, s'éloignèrent un peu de la colonne; les uns furent massacrés, les autres faits prisonniers par les Arabes. Dès-lors, l'armée connut son ennemi.

Le 16, on continua le débarquement avec beaucoup d'activité, et l'on s'empara de différents postes importants; on fut en observation de tous côtés, et l'on se disposa à s'approcher de la ville d'Alexandrie.

Le 17, une grande partie de l'armée était à terre. Le

---

(1) L'expédition prit ici le nom d'*armée d'Egypte ou d'Orient.*

{*Note de l'auteur.*}

3

général en chef, et son état-major, s'avança (1) avec un

---

(1) PIÈCES RELATIVES A LA PRISE D'ALEXANDRIE, PROCLAMATIONS
ET RAPPORTS DU GÉNÉRAL BONAPARTE.

Au quartier-général d'Alexandrie,
le 13 messidor an VI.

BONAPARTE, *général en chef, au peuple égyptien.*

Depuis longtemps, les beys qui gouvernent l'Egypte insultent à
la nation française et couvrent ses négociants d'avanies; l'heure de
leur châtiment est arrivée.

Depuis longtemps, ce ramassis d'esclaves, achetés dans le Cau-
case et la Géorgie, tyrannise la plus belle partie du monde.

Mais Dieu, de qui dépend tout, a ordonné que leur empire
finît.

Peuples d'Egypte, on vous dira que je viens pour détruire votre
religion. Ne le croyez pas. Répondez que je viens vous restituer
vos droits, punir les usurpateurs, et que je respecte plus que les
Mameloucks, Dieu, son Prophète et l'Alcoran.

Dites que tous les hommes sont égaux devant Dieu. La sagesse,
les talents, les vertus mettent seuls de la différence entre eux.

Or, quelle sagesse, quels talents, quelles vertus distinguent les
Mameloucks, pour qu'ils aient exclusivement tout ce qui rend la
vie aimable et douce ?

Y a-t-il une belle femme? Elle appartient aux Mameloucks. Y
a-t-il une belle esclave, un beau cheval, une belle maison ? Cela
appartient aux Mameloucks.

Si l'Egypte est leur ferme, qu'ils montrent le bail que Dieu leur
en a fait. Mais Dieu est juste et miséricordieux pour le peuple.

Tous les Egyptiens sont appelés à gérer toutes les places. Les

bon corps d'infanterie et quelques pièces de canon sur la

---

plus sages, les plus instruits, les plus vertueux gouverneront, et le peuple sera heureux.

Il y avait jadis, parmi vous, de grandes villes, de grands canaux, un grand commerce ; qui a tout détruit, si ce n'est l'avarice, les injustices et la tyrannie des Mameloucks ?

Cadis, cheiks, imans, teherbadjis, dites au peuple que nous sommes amis des vrais Musulmans. N'est-ce pas nous qui avons détruit le pape, qui disait qu'il fallait faire la guerre aux Musulmans ? N'est-ce pas nous qui avons détruit les chevaliers de Malte, parce que ces insensés croyaient que Dieu leur commandait qu'ils fissent la guerre aux Musulmans ? N'est-ce pas nous qui avons été dans tous les temps les amis du Grand-Seigneur (que Dieu accomplisse ses désirs), et l'ennemi de ses ennemis ? **Les Mameloucks,** au contraire, ne se sont-ils pas toujours révoltés contre l'autorité du Grand-Seigneur, qu'ils méconnaissent encore ? Ils ne font que leurs caprices.

Trois fois heureux ceux qui sont avec nous ! ils prospéreront dans leur fortune et leur rang. Heureux ceux qui seront neutres ! ils auront le temps de nous connaître, et ils se rangeront avec nous. Mais malheur, trois fois malheur, à ceux qui s'armeront pour les Mameloucks et combattront contre nous ! il n'y aura pas d'espérance pour eux, ils périront.

Article I. Tous les villages situés dans un rayon de trois lieues des endroits où passera l'armée enverront une députation au général commandant les troupes, pour lui déclarer qu'ils sont dans l'obéissance, et le prévenir qu'ils ont arboré le drapeau de l'armée (blanc, bleu et rouge).

ville. Le combat fut très-vif, et la résistance des assiégés

II. Tous les villages qui prendront les armes contre l'armée seront brûlés.

III. Tous les villages qui seront soumis à l'armée mettront avec le pavillon du Grand-Seigneur, notre ami, celui de l'armée.

IV. Les cheiks feront mettre le scellé sur les biens, maisons, propriétés qui appartiennent aux Mameloucks, et auront soin que rien ne soit détourné.

V. Les cheiks, cadis et imans continueront les fonctions de leurs places. Chaque habitant restera chez lui, et les prières continue_ ront comme à l'ordinaire ; chacun remerciera Dieu de la destruc- tion des Mameloucks. Gloire au sultan ! gloire à l'armée française, son amie! Malédiction aux Mameloucks, et bonheur au peuple d'Egypte!

(Relation générale de la campagne de Bonaparte en Egypte, recueillie par le RÉDACTEUR.)

Ordre du général en chef BONAPARTE.

Au quartier-général, à bord de l'*Orient*, le 3 messidor an VI.

Article I. Tout individu de l'armée qui aura pillé ou volé sera fusillé.

II. Tout individu de l'armée qui, de son chef, mettra des contri- butions sur les villes, villages, sur les individus, ou commettra des extorsions, de quelque genre que cela soit, sera fusillé.

III. Lorsque des individus d'une division auront commis du dés- ordre dans une contrée, la division entière en sera responsable. Si les coupables sont connus, le général de division préviendra à

se soutint assez longtemps et avec de grandes marques de

l'ordre que l'on ait à lui faire connaître les coupables, et s'ils restent inconnus, il sera retenu, sur le prêt de la division, la somme nécessaire pour indemniser les habitants de la perte qu'ils auront soufferte.

IV. Lorsque des individus d'un corps auront commis du désordre dans une contrée, le corps entier en sera responsable. Si le chef a connaissance des coupables, il les dénoncera au général de division, qui les fera fusiller; s'ils sont inconnus, le chef fera battre à l'ordre pour qu'on les lui fasse connaître, et s'ils continuent à être inconnus, il sera retenu, sur le prêt du corps, la somme nécessaire pour indemniser les habitants de la perte qu'ils auront soufferte.

V. Aucun individu de l'armée n'est autorisé à faire des réquisitions, ni lever des contributions, que muni d'une instruction du commissaire-ordonnateur en chef, en conséquence d'un ordre du général en chef.

VI. Dans le cas d'urgence, comme il arrive souvent à la guerre, si le général en chef et le commissaire-ordonnateur en chef se trouvaient éloignés d'une division, le général de division pourra autoriser le commissaire des guerres à faire des réquisitions d'urgence.

Le général de division enverra sur-le-champ copie au général en chef de l'autorisation qu'il aura donnée, et le commissaire des guerres enverra une copie au commissaire-ordonnateur en chef des objets qu'il aura requis.

VII. Il ne pourra être requis que des choses nécessaires aux soldats, aux hôpitaux, aux transports et à l'artillerie.

VIII. Une fois la réquisition frappée, les objets requis doivent

désespoir : les uns étaient armés de fusils ; les autres

être remis aux agents des différentes administrations, qui doivent
en donner des reçus, et en recevoir de ceux à qui il les distribue-
ront, afin d'avoir leur comptabilité de matières en règle. Ainsi ,
dans aucun cas, les officiers et les soldats ne doivent recevoir di-
rectement des objets requis.

IX. Tout l'argent et matières d'or ou d'argent, provenant des
réquisitions des contributions et de tout autre événement, doit, sous
douze heures , se trouver dans la caisse du payeur de la division ;
et dans le cas que celui-ci soit éloigné, il sera versé dans la caisse
du quartier-maître du corps.

X. Dans les places où il y aura un commandement, aucune réquisition ne pourra être faite sans qu'auparavant le commissaire des guerres n'ait fait connaître au commandant de la place en
vertu de quel ordre cette réquisition est frappée. Le commandant
de la place devra sur-le-champ en instruire l'état-major général.

XI. Ceux qui contreviendraient aux articles 5, 6, 7, 8, 9 et 10
seront destitués et condamnés à deux ans de fers.

XII. Le général en chef ordonne au général chef de l'état-major, aux généraux de division, aux commissaires-ordonnateurs en
chef, de tenir la main à l'exécution du présent ordre , son intention n'étant pas que les fonds de l'armée deviennent le profit de
quelques individus; ils doivent tourner à l'avantage de tous.

(*Relation générale, etc.*)

Au quartier-général d'Alexandrie, le 15 messidor an VI.

Bonaparte, général en chef, ordonne :

Art. I. Tous les matelots turcs qui étaient esclaves à Malte, et

d'armes blanches, et le plus grand nombre jetaient des

---

ceux qui sont de Syrie, des îles de l'Archipel ou du bey de Tripoli, seront sur-le-champ mis en liberté.

II. L'amiral les fera débarquer demain à Alexandrie, d'où l'état-major leur donnera des passeports pour se rendre chez eux et des proclamations en arabe.   (*Idem.*)

> Alexandrie, le 18 messidor an VI de la
> République française.

BONAPARTE, *général en chef, au Directoire exécutif.*

L'armée est partie de Malte le 1er messidor , et est arrivée le 13, à la pointe du jour, devant Alexandrie. Une escadre anglaise, que l'on dit être très-forte, s'y était présentée trois jours avant, et avait remis un paquet pour les Indes.

Vous trouverez ci-jointe copie :

1° De la lettre que j'ai écrite au commandant de l'ex-Caravelle;

2° De celle écrite au pacha du Caire ;

3° De la proclamation que j'ai faite aux Egyptiens ;

4° Un règlement pour l'armée.

Le vent était grand frais et la mer très-houleuse ; cependant, je crus devoir débarquer de suite. La journée se passa à faire les préparatifs du débarquement. Le général Menou, à la tête de sa division, débarqua le premier près de Marabout, à une lieue et demie d'Alexandrie.

Je débarquai avec le général Kléber et une autre partie de troupes à onze heures du soir. Nous nous mîmes sur-le-champ en marche pour nous porter sur Alexandrie. Nous aperçûmes à la pointe du jour la colonne de Pompée. Un corps de Mameloucks

pierres du haut des tours et des maisons ; mais enfin ,

---

et Arabes commençait à escarmoucher avec nos avant-postes ;
mais nous nous portâmes rapidement, la division du général Bon
à droite, celle du général Kléber au centre, celle du général Menou à gauche, sur les différents points d'Alexandrie. L'enceinte
de la ville des Arabes était garnie de monde. Le général Kléber
partit de la colonne de Pompée pour escalader la muraille. Dans le
temps que le général Bon forçait la porte de Rosette , le général
Menou bloquait le château triangulaire avec une partie de sa division, et se portait avec le reste sur une autre partie de l'enceinte
et la forçait. Il entra le premier dans la place. Il a reçu sept blessu-
res, dont heureusement aucune n'est dangereuse.

Le général Kleber, au pied de la muraille, désignait l'endroit où
il voulait que ses grenadiers montassent ; mais il reçut une balle
au front qui le jeta par terre ; sa blessure, quoique extrêmement
grave, n'est pas mortelle. Les grenadiers de sa division en dou-
blèrent de courage et entrèrent dans la place.

La 4ᵉ brigade, commandée par le général Marmont, enfonça à
coups de hache la porte de Rosette, et toute la division du général
Bon entra dans l'enceinte des Arabes.

Le commandant Masse, chef de brigade en second de la 32ᵉ, a
été tué, et l'adjudant Lescale dangereusement blessé.

Maîtres de l'enceinte des Arabes, les ennemis se réfugièrent
dans le fort triangulaire, dans le phare et dans la nouvelle ville.
Chaque maison était pour eux une citadelle ; mais, avant la fin de
la journée , la ville fut calme, les deux châteaux capitulèrent, et
nous nous trouvâmes entièrement maîtres de la ville, des forts et
des deux ports d'Alexandrie.

Pendant ce temps-là, les Arabes du désert étaient accourus

après avoir eu cinq cents hommes mis hors de combat ,

par pelotons de cavalerie de trente et cinquante, inondaient nos derrières, et tombaient sur nos traînards. Ils n'ont cessé de nous harceler pendant deux jours ; mais hier je suis parvenu à conclure avec eux un traité non seulement d'amitié, mais même d'alliance. Treize des principaux chefs ont été hier chez moi. Je m'assis au milieu d'eux , et nous eûmes une très-longue conversation. Après être convenus de nos articles , nous nous sommes réunis autour d'une table, et nous avons voué au feu de l'enfer celui, de moi ou d'eux, qui violerait nos conventions, consistant :

Eux, à ne pas harceler nos derrières ;

A me donner tous les secours qui dépendaient d'eux ;

Et à me fournir le nombre d'hommes que je leur demanderais pour marcher contre les Mameloucks ;

Moi, à leur restituer, quand je serais maître de l'Egypte, les terres qui leur avaient appartenu jadis.

Les prières se font dans les mosquées comme à l'ordinaire, et ma maison est toujours pleine d'imans ou de cadis, de cheiks, des principaux du pays, des muphtis ou chefs de la religion.

Vous trouverez ci-joints :

1º Une espèce de procès-verbal d'une séance de tous les muphtis et chefs du pays;

2º Différents ordres que j'ai donnés.

Cette nation-ci est rien moins que ce que l'ont peinte les voyageurs et les faiseurs de relations ; elle est calme, fière et brave.

Le port vieux d'Alexandrie peut contenir une escadre aussi nombreuse qu'elle soit ; mais il y a un point de la passe où il n'y a que cinq brasses d'eau, ce qui fait penser les marins qu'il n'est pas possible que les vaisseaux de 74 y entrent.

la victoire se rangea de notre côté, et la place fut prise
d'assaut. Les habitants payèrent cher leur vaine résistance ;
le soldat se vengea cruellement de leur opiniâtreté, et un
grand nombre fut mis à mort.

Le 17, les bâtiments de transport eurent ordre de ve-

L'escadre sera aujourd'hui à Aboukir , pour achever de débarquer l'artillerie qu'elle a à nous.

Cette circonstance contrarie singulièrement mes projets.

Les vaisseaux de construction vénitienne pourront y entrer , et
déjà le *Dubois* et le *Causse* y sont.

La division du général Desaix est arrivée à Detrantuer , après
avoir traversé quatorze lieues dans un désert aride , où elle a été
très-fatiguée ; celle du général Regnier doit y arriver aujour-
d'hui.

La division du général Dagues est à Rosette. M. le chef de division Pérée commande notre flottille légère, et cherche à faire
remonter le Nil par une partie de ses bâtiments.

Je vous demande le grade de vice-amiral pour le citoyen Gan-
theaume, chef de l'état-major de l'escadre, officier du plus grand
mérite, aussi distingué par son zèle que par son expérience et ses
connaissances.

J'ai nommé le citoyen Leroy ordonnateur de la marine à
Alexandrie.

J'ai fait, dans l'armée, différents avancements dont je vous er-
verrai l'état dès que l'armée aura pris un peu d'assiette.

Nous avons eu, à la prise d'Alexandrie, trente à quarante hommes tués et quatre-vingts ou cent blessés.

Je vous demande le grade de chef d'escadron pour le citoyen.

nir mouiller dans le port vieux d'Alexandrie , où aucun
vaisseau chrétien *n'avait jamais approché*, et la flotte jeta
l'ancre devant Aboukir (1).

Je débarquai ce jour-là à la ville ; sa bâtisse, sa sin-
gularité, sa laideur et son air farouche me frappèrent singulièrement ; mais l'air farouche et sinistre de son peuple augmenta d'abord mon aversion pour ce pays. A chaque pas que je faisais, je voyais la misère percer à travers cette foule qui courait çà et là ; des figures sèches

---

Sulkowski, qui est un officier du plus grand mérite , et qui a été
blessé deux fois sur la brèche.   (*Relation générale, etc.*)

Au quartier-général d'Alexandrie, le 17 messidor an VI.

Bonaparte, général en chef, ordonne :

Article I. Les noms de tous les hommes de l'armée française
qui ont été tués à la prise d'Alexandrie seront gravés sur la colonne Pompée.

II. Ils seront enterrés au pied de la colonne. Les citoyens Cor-
tas et Dutertre formeront un plan qu'ils me présenteront pour
l'exécution du présent ordre.

III. Cela sera mis à l'ordre de l'armée.

IV. L'état-major remettra à cette commission l'état des noms
des hommes tués à la prise d'Alexandrie.   BONAPARTE.

(*Idem.*)

(1) On apprit que les Anglais étaient partis d'ici deux fois vingt-
quatre heures avant notre arrivée.   (*Note de l'auteur.*)

et noirâtres, des femmes entortillées dans des haillons et
à qui l'on ne voit que le bout du nez, des chiens maigres
et qui semblent appeler la mort par leurs aboiements lugubres, tout cela est fait pour attrister. Je commençai à
avoir alors une idée très-désavantageuse de l'Egypte,
surtout lorsque je jetai la vue sur les déserts affreux
qui l'environnent. Quelques misérables dattiers, qu'on
aperçoit et qui paraissaient n'être produits que par un
grand effort de cette terre stérile, ajoutent encore à la
tristesse de ce lieu.

Je m'empressai d'aller voir les antiquités que cette
ville renferme. Je me rendis d'abord à la colonne de
Pompée : c'est une belle pièce de granit, qui a environ
quatre-vingt-dix pieds de haut sur vingt-huit de circonférence. De là, je fus voir deux obélisques, aussi de
granit rouge ; l'un est sur pied, et l'autre est renversé
et rompu ; tous deux chargés d'hiéroglyphes. Plus loin,
l'on reconnaît encore des débris des bains et du palais
de Cléopâtre. L'on voit encore un reste de ce fameux
phare de *Ptolémée*, l'une des sept merveilles du monde ;
il sert aujourd'hui à éclairer les vaisseaux (1). Les édifices les plus curieux, conservés, sont les citernes, qui
s'emplissent des eaux du Nil tous les ans ; c'est le canal

---

(1) On en a fait un fort qui défend l'entrée du port neuf.

(*Note de l'auteur.*)

qu'on nomme de Cléopâtre, et qui commence à deux lieues
de Rosette, qui les y conduit. Tous ces vestiges de mo-
numents annoncent une grandeur passée, ce qui con-
firme qu'Alexandrie fut autrefois une ville très-opulente;
mais il ne lui reste plus maintenant que le souvenir de
son ancienne splendeur. On conçoit difficilement comment Alexandre put se résoudre à fonder une ville dans
un terrain aussi ingrat; l'on est encore plus étonné de
l'avoir vue une des plus florissantes, des plus grandes et
des plus peuplées villes du monde; sous le règne de Ptolo-
mée, elle éblouit la superbe Memphis, et, peu après, elle la
surpassa de tant, que cette dernière se perdit dans l'oubli.

Alexandrie est cependant encore très-commerçante;
c'est un riche entrepôt des marchandises de la Perse,
des Indes, etc. On y fait un grand commerce de très-
beau coton, de dattes et de riz.

Les habitants sont au nombre de quatorze à quinze
mille; ils sont rusés autant qu'aucun peuple de l'uni-
vers, séditieux et voleurs à l'excès.

La peste y est presque tous les ans. Elle y avait fait
quelques ravages cette année. Elle n'était pas encore
cessée quand nous y arrivâmes; elle cesse ordinairement à la Saint-Jean (1).

---

(1) J'eus le 18 un brevet de commis aux vivres, signé Pagliano,
agent en chef, et ordre de suivre la division Dumas (division de
cavalerie). (*Note de l'auteur.*)

NOTES SUR ALEXANDRIE

Trouvées dans le portefeuille d'Alexandre Lacorre.

Vue de quelques lieues en mer, Alexandrie en impose
beaucoup. Une position avantageuse, quelques jolis minarets, des maisons blanchies, et plus que tout cela, cette
majestueuse colonne de Pompée et ces vieilles tours ruinées qu'on aperçoit au loin, font encore présumer assez
avantageusement de cette ville, bien que l'on soit prévenu
par les relations des voyageurs. Ce n'est que lorsqu'on y
est entré que l'illusion cesse entièrement. Celui qui cherche cette Alexandrie, l'orgueil de l'Orient et les délices
des Romains, ne trouve à sa place qu'un amas confus
de masures, de maisons basses et mal bâties, que des
rues étroites et sombres ; il trouve, au lieu d'un peuple
poli et éclairé, des habitants grossiers, insolents et astu-
cieux. Où s'élevait le trône de la plus belle et de la plus
aimable des reines, sur les débris de son palais, siége un
stupide schérif. Enfin, comme on l'a dit tant de fois,
Alexandrie n'est pas seulement l'ombre de ce qu'elle a
été. Sans l'avantage de sa situation et l'étendue de son
commerce, qui la rendent une des premières échelles du
Levant, cette ville ne serait absolument rien.

La stérilité la plus absolue l'environne, et le désert
aride n'est semé, de loin en loin, que de quelques misé-

rables dattiers, qui semblent n'être produits que par
grand effort d'un terrain sablonneux. Cette vue porte
l'effroi dans l'âme d'un Européen, accoutumé à voir la
terre parée de tous ses trésors, et qui est là absolument
morte. Voilà un tableau bien différent de celui de cette
ville sous les Ptolémée. Des campagnes magnifiques,
des promenades, des jardins superbes, ornaient ses environs ; mais c'est qu'alors, le canal qui amenait les
eaux du Nil et le lac Maréotis étaient entretenus avec
soin ; par là, les terres se trouvaient toujours imbibées
de la quantité d'eau nécessaire. Aujourd'hui, le canal est
presque à sec, et lors des fortes chaleurs, le lac Maréotis, qui reçoit des eaux de la mer, n'est qu'une route
saline qui éblouit les yeux par la réverbération des
rayons du soleil, et où l'œil n'aperçoit pas la moindre
végétation. C'est donc par le dessèchement que ces plaines se sont converties en sables.

Ainsi, un voyageur qui n'aurait vu qu'Alexandrie, et
qui voudrait par elle seule juger du reste de l'Egypte,
en jugerait fort mal. Arrivé à Rosette, la scène change
entièrement ; il semble que ce soit un autre pays, un autre peuple. Ici, c'est le spectacle d'un grand fleuve cou-
lant entre deux rives qu'il féconde par le tribut de ses
eaux ; ce sont des campagnes abondantes et ombragées,
couvertes de nombreux troupeaux de buffles, de bœufs et
de moutons ; enfin, c'est l'image de la terre promise, et
d'un peuple heureux et actif, qui joint à l'innocence des
premiers âges la politesse et l'affabilité des nations les plus
civilisées. L'habillement est la robe longue très-ample,
la barbe longue ; ce costume est commun à tout le reste
de l'Egypte. Les Alexandrins, au contraire, portent la

veste courte, les caleçons et le turban à la grecque, la barbe taillée à l'antique ; ils ont beaucoup d'affinité pour les manières et le caractère avec les Barbaresques. Leurs traits sont réguliers et bien dessinés. Ils ont la taille effilée des Arabes, et un peu de la rondeur de celle des Grecs. Leurs jambes sont cambrées et le mollet très-fourni, comme chez ces derniers. Les autres sont grands, effilés, et généralement fort doux ; plus on s'avance vers le tropique, plus on rencontre dans les figures les traces des liaisons avec l'intérieur de l'Afrique.

A une demi-lieue d'Alexandrie, vers l'Orient, on voit l'enceinte de l'ancienne ville, appelée *ville des Arabes* par les gens du pays. Dans toute cette étendue, sont de magnifiques citernes qui servent encore à approvisionner d'eau la ville. Des colonnes debout, d'autres brisées et renversées, des morceaux de sculpture, des restes des bains de Cléopâtre et des décombres amoncelés , voilà les vestiges d'une des plus belles villes du monde.

Cependant , au milieu de ces ruines et sur une éminence, s'élève et domine majestueusement la colonne de Pompée, qui s'aperçoit de loin en mer, et sert de reconnaissance aux bâtiments , parce que les terres d'Egypte sont fort basses. Ce monument est à peu près le seul qui ait échappé aux ravages du temps. Il est de granit rouge, poli comme une glace, et a cent quatorze pieds de haut, y compris le soubassement et le chapiteau , qui est d'ordre corinthien. Le fût , qui est d'un seul bloc, a quatre-vingt-dix pieds de long sur vingt-quatre de circonférence. Il penche un peu du côté de l'Orient, et, vers ce même point, il est un peu éclaté à sa base, effet qu'a sans doute produit cette inclinaison.

On ne peut se lasser d'admirer cette merveilleuse colonne, l'élégance et la proportion du fût, la noble simplicité du chapiteau et du soubassement ; tout l'ensemble est du plus beau style.

Les historiens ne s'accordent guère sur l'époque à laquelle ce monument fut érigé ni à quelle occasion. Quelques-uns prétendent qu'il le fut, par ordre de Jules-César, à la mémoire de Pompée, pour marquer, ajoutent les mêmes historiens, que ce fut là même que ce grand homme fut assassiné ; mais on sait que cet illustre et malheureux Romain fut poignardé à Péluse, par Septimius et Achillas, et non à Alexandrie.

On croit plus généralement que cette colonne fut élevée par les Alexandrins, en l'honneur d'Alexandre-Sévère, empereur de Rome, et en reconnaissance du pardon qu'il leur accorda d'une révolte par laquelle ils voulaient se soustraire à son empire, et qui l'avait obligé de passer en Egypte pour les punir. Elle serait donc appelée improprement *colonne de Pompée*.

On voit encore des restes de ce fameux phare, l'une des sept merveilles du monde. Il est entre le port neuf et le port vieux, et bâti sur l'ancienne île Pharos (d'où est venu le mot phare). Cette île fut jointe au continent et forme aujourd'hui une isthme. Ce phare est un édifice carré, solidement construit, qui sert encore à éclairer les vaisseaux, et dont nous avons fait un très-beau fort pour défendre l'entrée des deux ports.

On trouve encore près de la mer, à peu de distance de la ville, deux obélisques vulgairement nommés *Aiguilles de Cléopâtre* ; ils sont de granit foncé et chargés de caractères hiéroglyphiques ; l'un est debout, fort beau et

5

entier, et l'autre est rompu par le milieu, et renversé
sur le sable dont il est en partie recouvert (1).

---

(1) Nous complétons les renseignements donnés par Alexandre
Lacorre sur Alexandrie par la lettre suivante, qui fait partie de
la publication dont nous avons parlé dans l'avant-propos :

Extrait d'une lettre d'Alexandrie, du 8 fructidor.

« Le premier sentiment que les habitants de ce pays ont éprouvé
à notre arrivée a été l'effroi : ils se cachaient et enfouissaient leurs
comestibles, ce qui d'abord fit éprouver à notre armée une disette
de vivres. Mais à cette première impression succéda la confiance,
que la bonne discipline de nos troupes et la sagesse de Bonaparte
leur inspirèrent. Alors les marchés d'Alexandrie furent pourvus de
tout. Les poules, les oies, les pigeons, les veaux, tous les animaux
dont ce pays abonde nous furent apportés avec profusion. Pour rendre le commerce plus facile, une commission fixa la valeur des
monnaies respectives. L'écu de six francs fut porté à cent soixante
paras : le para est une monnaie de billon, moindre en grandeur
qu'un denier de France. Les Alexandrins firent d'abord assez peu de
cas de notre numéraire ; ils craignaient de perdre au change ; mais
ils sont bientôt revenus de cette erreur.

» Bonaparte, dès son arrivée, mit ses premiers soins à gagner la
confiance et l'amitié du schériff. Celui-ci, portant la main sur la
poitrine en invoquant Allah, lui protesta de sa reconnaissance. Mais
le général s'aperçut bientôt que le traître avait des intelligences se-
crètes avec les Mameloucks et tramait un soulèvement. Il le fit en-
lever et conduire à bord de l'*Orient,* d'où il fut transféré, avant la
catastrophe, sur un brick dans les eaux du Nil. Bonaparte exigea
pour otages les enfants les plus notables du pays. Par ses proclamations, il a ordonné qu'on respectât les usages et les pratiques de
ces peuples.

» Ce général fait construire deux batteries qui dominent Alexandrie et la plage ; la première sur la route du Caire, et l'autre à l'entrée du port vieux. Le vaisseau le *Dubois* et le *Causse*, de 64 pièces de canon, sept frégates et environ trois cents bâtiments de transport sont à l'ancre dans le port vieux. Les Turcs seuls y avaient le privilége exclusif d'entrée.

» Le général, qui pense à tout, a d'abord établi un lazaret, le premier qu'on ait vu dans les Echelles orientales. La commission des sciences et des arts, présidée par Monge, s'occupe des moyens de garantir les Français de la peste, et d'éteindre, s'il est possible, ce fléau dévastateur. La garnison campe dans un vaste emplacement hors de la ville.

» Alexandrie, ainsi que toutes les autres villes de l'Egypte, autrement bâties que nos villes d'Europe, n'offre pas de grands édifices qui puissent servir de casernes. Les maisons sont petites, et le soldat ne peut loger chez l'habitant. Le camp présente un coup-d'œil agréable et nouveau. Nos troupes, pour se garantir des abondantes rosées qui, dans ces climats, suppléent au manque de pluies, ont construit, en guise de tentes, de petites cabanes couvertes de feuilles de palmier, ce qui rend la perspective du camp pittoresque. De là on découvre l'obélisque de Cléopâtre, en granit rouge, couvert d'hiéroglyphes. La commission des sciences et arts en a fait dessocler la base, qui était enfouie.

» Rosette est la ville la mieux bâtie de l'Egypte.

» Après avoir réglé le sort d'Alexandrie, de Rosette, et laissé ses ordres à leurs commandants respectifs, Bonaparte fit défiler ses colonnes vers le Caire ; il passa le Nil sur les schermès, bateaux turcs d'une singulière construction, et entra au Caire, dont l'occupation le mit en possession de toute l'Egypte.

» Malgré ses fatigues et des marches pénibles à travers les déserts brûlants, l'armée a montré un courage inébranlable. Bonaparte, toujours calme, lui inspire une confiance sans bornes. »

(Relation générale de la campagne de Bonaparte en Egypte, recueillie sur le RÉDACTEUR.)

Nous partîmes le 20 messidor au soir (8 juillet 1798), quatre de mes amis et moi, pour suivre la division Dumas, qui était partie depuis une heure ; nous marchâmes pendant quatre heures dans le désert (1) sans pouvoir la joindre ; les ânes que nous avions pris pour porter nos effets tombèrent de fatigue ; nous fûmes obligés de les abandonner avec une partie de nos effets, et nous nous décidâmes à retourner à la ville ; nous eûmes mille peines à retrouver notre chemin. Il était minuit, et les routes n'étaient pas sans dangers; les Mameloucks et les Arabes assassinaient à chaque instant ; dix-sept employés qui nous précédaient furent massacrés à deux portées de fusil devant nous. Enfin, après avoir longtemps erré, nous rencontrâmes une caravane qui venait de la ville ; comme elle n'était pas assez forte, nous lui conseillâmes de rebrousser chemin, et nous arrivâmes ensemble à Alexandrie à trois heures du matin.

Nous restâmes encore deux jours à Alexandrie; après quoi, nous obtînmes, avec bien des difficultés, un ordre pour profiter de la bombarde qui portait les musiciens des guides à Rosette.

---

(1) Pendant deux heures de marche, l'on ne voit que des ruines; tantôt ce sont des tours ruinées, plus loin des tombes, et là les murs de l'ancienne ville.   (*Note de l'auteur.*)

Le 22 messidor (10 juillet 1798) , nous fûmes très-tourmentés dans ce trajet, quoique étant très-court. La mer y est continuellement agitée par les vents du nord qui y soufflent avec impétuosité. Nous arrivâmes au bout de deux jours à l'embouchure du Nil. La mer était trop mauvaise pour en approcher ; nous jetâmes l'ancre à une portée de canon de là. La nuit, le vent fut si fort et la mer tellement agitée que notre bombarde fut enlevée de dessus son ancre, et, de plus , le mât fut brisé. La cha-loupe mit au large, malgré l'orage, et fut chercher du se-cours à bord de l'*Orient*. On nous donna un pilote turc qui nous tira de ce pas , et essaya de nous faire entrer dans le Nil ; mais ce fut inutile, et il fallut attendre qu'il fît un peu plus de calme. Nous attendîmes encore deux jours avec grande impatience , car nous étions sans eau depuis trois jours.

Enfin, le 26 au matin, après trois heures d'une ma-nœuvre fatigante, nous entrâmes dans le Nil. Cette em-bouchure (1) est d'un très-difficile accès et très-dange-reuse ; nous vîmes que deux bricks y avaient échoué. Nous arrivâmes le jour même à Rosette, qui est à deux lieues de là.

Rosette (en arabe Radjie), que l'on croit être l'ancienne Canope, est la troisième ville d'Egypte pour le com-

---

(1) C'est la bouche Bolbitine.   (*Note de l'auteur.*)

merce. Quelle différence des habitants de cette ville à
ceux d'Alexandrie ! Autant les Alexandrins sont insup-
portables, autant ceux-ci sont agréables. Ils sont civils
et affables envers les étrangers, et cependant, ils en
voient bien moins que les premiers. La ville se ressent
aussi de la gaîté de ceux qui l'habitent ; la campagne
est charmante et variée. Le Nil, qui en cet endroit est
très-large, ajoute encore à la beauté de ce lieu; il forme
une île très-bien fournie (le Delta), où l'on peut prendre
le plaisir de la chasse, et où le naturaliste peut se dé-
lecter dans ses promenades. L'air y est pur et vif. Les
volailles, les moutons, les grains, les fruits y sont très-
abondants et d'une bonne qualité. La ville n'est pas tirée
au cordeau, les maisons n'ont point sept étages, mais
elles sont couvertes de treilles qui forment des berceaux
dans toutes les rues, ce qui lui donne un air agreste qui
réjouit l'âme, surtout lorsqu'on passe d'une extrémité de
mal à une extrémité de bien. Je regretterai peut-être un
jour ma vie champêtre de Rosette. En voici une esquisse :
Il fallait voir d'abord notre petite cabane sur le bord du
Nil; elle était simple : c'étaient des branches de dattiers
serrées l'une contre l'autre , et imitant assez bien une
tente. Nous avions pris pour lits des nattes, où je me
rappelle avoir passé des nuits délicieuses, et données
tout entières au doux sommeil. Je me levais avec le soleil, je me promenais un peu ; puis, prenant une ligne,
j'allais à la pêche. Oh ! qu'ils étaient bons les poissons.

que je prenais ! Je n'aurais pas cédé ce mets pour tous
les ragoûts de Méotte (1). Après la pêche et le déjeû-
ner, j'allais me promener par la ville; j'allais à une ci-
terne où il y avait de la bien bonne eau , et je buvais à
loisir. Souvent je me faisais un plaisir d'emplir les vases
de quelques jeunes filles aux minois agaçants. Je ve-
nais, allais, revenais , et l'heure du dîner arrivait. C'é-
tait tous les jours ou poulets , ou pigeons , ou oies, ou
sarcelles, etc.; pour dessert, raisins, pêches, figues, dattes, etc. J'oubliais de dire que notre basse-cour était ad-
jacente à notre petite habitation. Nous élevions des pigeons, des tourterelles , des chèvres et des lapins.

J'aimais beaucoup à me promener par un beau clair
de lune et une belle soirée. Comme la nature est belle !
me disais-je. Tout ce qui était autour de moi m'enchan-
tait ; cette pâle clarté me rappelait une foule de souvenirs. Je pensais à ma patrie , aussi souvent à l'Italie; je
souhaitais d'y retourner ; mais ce désir était tempéré
par ma position, que j'estimais très-heureuse ; effectivement, elle l'était. Après m'être bien promené, j'allais me
coucher. Je me levais quelquefois pour donner la chasse
aux chiens; ces hardis voleurs venaient tous les soirs
rôder autour de nos cabanes pour tâcher de nous en-
lever les débris de notre souper. Une nuit, je me levai et

_____

(1) Cuisinier célèbre du temps.

courus après un; je le joignis; il s'était blotti sur le bord
du Nil, sous les chantiers de bois. Il paya cher sa vo-
racité téméraire !

Le 13 thermidor (31 juillet 1798), sur les six heures
du soir, nous entendîmes une forte canonnade (1), mais

---

(1) PIÈCES RELATIVES AUX BATAILLES DE CHEBREISSE, DES PYRAMIDES
ET D'ABOUKIR.

Au quartier-général du Caire, le 6 thermidor
an VI.

BONAPARTE, *membre de l'Institut national, général en chef, au
Directoire exécutif.*

Citoyens directeurs,

Le 9 messidor, l'armée partit d'Alexandrie. Elle arriva à Demenhour le 20, souffrant beaucoup, à travers ce désert, de l'ex-
cessive chaleur et du manque d'eau.

COMBAT DE RAHMANIÉ.

Le 22, nous remontâmes le Nil à Rahmanié, et nous nous re-
joignîmes avec la division du général Dugua, qui était venue par
Rosette, en faisant plusieurs marches forcées. La division du général Desaix fut attaquée par un corps de sept à huit cents Mameloucks, qui, après une canonnade vive et la perte de quelques
hommes, se retirèrent.

BATAILLE DE CHEBREISSE.

Cependant, j'appris que Mourad-Bey, à la tête de son armée,
composée d'une grande quantité de cavalerie, ayant huit ou dix
grosses chaloupes canonnières et plusieurs batteries sur le Nil,
nous attendait au village de Chebreisse. Le 24 au soir, nous nous

qui venait de loin ; enfin, au bout de deux heures, nous apprîmes que les Anglais, avec une escadre de seize vaisseaux de ligne, se battaient avec la nôtre. L'on battit la

---

mîmes en marche pour nous en rapprocher. Le 25, à la pointe du jour, nous nous trouvâmes en présence.

Nous n'avions que deux cents hommes de cavalerie, éclopés et harassés encore de la traversée. Les Mameloucks avaient un magnifique corps de cavalerie, couvert d'or, d'argent, armés des meilleures carabines et pistolets de Londres, des meilleurs sabres de l'Orient, et montés peut-être sur les meilleurs chevaux du continent.

L'armée était rangée ; chaque division formait un bataillon carré, ayant les bagages au centre et l'artillerie dans les intervalles des bataillons. Les bataillons rangés, les 2e et 4e divisions derrière les 1re et 3e, les cinq divisions de l'armée étaient placées en échelons, se flanquant entre elles, et flanquées par deux villages que nous occupions.

Le citoyen Perrée, chef de division de la marine, avec trois chaloupes canonnières, un chebeck et une demi-galère, se posta pour aller attaquer la flottille ennemie. Il se tira, de part et d'autre, plus de 1,500 coups de canon. Le chef de division Perrée a été blessé au bras d'un coup de canon, et, par ses bonnes dispositions et son intrépidité, est parvenu à reprendre trois chaloupes canonnières et la demi-galère que les Mameloucks avaient prises à leur amiral. Les citoyens Monge et Berthollet, qui étaient sur le chebeck, ont montré dans les moments difficiles beaucoup de courage. Le général Andréossi, qui commandait les troupes de débarquement, s'est parfaitement conduit.

La cavalerie des Mameloucks inonda bientôt toute la plaine, dé-

générale dans toute la ville, et les troupes furent sur
pied toute la nuit en cas de surprise. Nous fûmes aux
avant-postes d'où l'on distinguait assez bien le feu des

---

borda toutes nos ailes, et chercha de tous côtés, sur nos flancs et
nos derrières, le faible point pour pénétrer. Mais partout elle
trouva que la ligne était également formidable, et lui opposait un
double front. Ils essayèrent plusieurs fois de charger, mais sans
s'y déterminer. Quelques braves se mirent à escarmoucher ; ils
furent reçus par des feux de peloton de carabiniers, placés en
avant des intervalles des bataillons. Enfin, après être restés une
partie de la journée à demi-portée du canon, ils opérèrent leur
retraite et disparurent. On peut évaluer leur perte à trois cents
hommes tués ou blessés.

Nous avons marché pendant huit jours, privés de tout et dans
un des climats les plus brûlants du monde.

Le 2 thermidor au matin, nous aperçûmes les Pyramides.

Le 2 au soir, nous nous trouvâmes à six lieues du Caire, et
j'appris que les vingt-trois beys, avec toutes leurs forces, s'étaient
retranchés à *Lmbalé*, qu'ils avaient garni leurs retranchements
de plus de soixante pièces de canon.

BATAILLE DES PYRAMIDES.

Le 3, à la pointe du jour, nous rencontrâmes leur avant-garde,
que nous poussâmes de village en village. A deux heures après
midi, nous nous trouvâmes en présence des retranchements de
l'armée ennemie.

J'ordonnai aux divisions des généraux Desaix et Régnier de
prendre position sur la droite, entre Gizeh et Lmbalé, de manière
à couper à l'ennemi la communication de la Haute-Egypte, qui

deux flottes, et nous ne quittâmes pas les yeux de dessus. Il faut voir un combat naval pour se figurer quelle belle horreur cela fait. La canonnade dura toute la nuit.

était sa retraite naturelle. L'armée était rangée de la même manière qu'à la bataille de Chebreisse.

Dès l'instant que Mourad-Bey s'aperçut du mouvement du général Desaix, il se résolut à le charger. Il envoya un de ses beys les plus braves , avec un corps d'élite, qui, avec la rapidité de l'éclair, chargea les deux divisions. On le laissa approcher jusqu'à cinquante pas, et on l'accueillit par une grêle de balles et de mitraille, qui en fit tomber un grand nombre sur le champ de bataille. Ils se jetèrent dans l'intervalle que formaient les deux divisions, où ils furent reçus par un double feu qui acheva leur défaite.

Je saisis l'instant, et j'ordonnai à la division du général Bon, qui était sur le Nil, de se reporter à l'attaque des retranchements , et au général Vial, qui commande la division du général Menou , de se porter entre le corps qui venait de le charger et les retranchements, de manière à remplir un triple but :

D'empêcher ce corps d'y rentrer;

De couper la retraite à celui qui l'occupait;

Et enfin, s'il était nécessaire, d'attaquer ces retranchements par la gauche.

Dès l'instant que les généraux Vial et Bon furent à portée, ils ordonnèrent aux première et troisième divisions de chaque bataillon de se ranger en colonnes d'attaque, tandis que les deuxième et troisième conservaient leur même position, formant toujours le bataillon carré, qui ne se trouvait plus que sur trois de hauteur, et s'avancerait pour soutenir les colonnes d'attaque.

Sur les minuit, un vaisseau sauta. L'explosion fût ter--
rible. Il semblait voir une mer de feu. Le lendemain matin, il s'en brûla encore un autre, et tout le reste de la

---

Les colonnes d'attaque du général Bon, commandées par le
brave général Rampon, se jetèrent sur les retranchements avec leur
impétuosité ordinaire. Malgré le feu d'une grande quantité d'artillerie, lorsque les Mameloucks firent une charge, ils sortirent
des retranchements au grand galop. Nos colonnes eurent le temps
de faire halte, de faire front de tous côtés, et de les recevoir la
baïonnette au bout du fusil et par une grêle de balles ; à l'instant
même, le champ de bataille en fut jonché. Nos troupes eurent
bientôt enlevé les retranchements. Les Mameloucks en fuite se
précipitèrent en foule sur leur gauche ; mais le général Vial y
était en position. Un bataillon de carabiniers, sous le feu duquel
ils étaient obligés de passer à cinq pas, en fit une boucherie ef-
froyable. Un très-grand nombre se jeta dans le Nil et se noya.

Plus de quatre cents chameaux chargés de bagages, cinquante
pièces d'artillerie, sont tombés en notre pouvoir. J'évalue la perte
des Mameloucks à deux mille hommes de cavalerie d'élite. Une
grande partie des beys a été blessée ou tuée. Mourad-Bey a été
blessé à la joue. Notre perte monte de vingt à trente hommes
tués et à cent vingt blessés. Dans la nuit même, la ville du Caire
a été évacuée ; toutes leurs chaloupes canonnières, corvettes,
bricks, et même une frégate, ont été brûlés, et, le 4, nos troupes
sont entrées au Caire. Pendant la nuit, la populace a brûlé les
maisons des beys et commis plusieurs excès. Le Caire, qui a plus
de trois cent mille habitants, a la plus vilaine populace du
monde.

Après le grand nombre de combats et de batailles que les trou-

journée, la canonnade continua encore. Nous vîmes un
seul vaisseau (c'était le *Tonnant*) faire feu contre une
escadre entière.

---

pes que je commande ont livrés contre ces forces supérieures, je
ne m'aviserais point de louer leur contenance et leur sang-froid
dans cette occasion, si véritablement ce genre de guerre tout nouveau n'avait exigé de leur part une patience qui contraste avec
l'impétuosité française. S'ils se fussent livrés à leur ardeur, ils
n'auraient point eu la victoire, qui ne pouvait s'obtenir que par
un grand sang-froid et une grande patience.

La cavalerie des Mameloucks a montré une grande bravoure;
ils défendaient leur fortune, et il n'y a pas un d'eux sur lequel
nos soldats n'aient trouvé trois, quatre et cinq cents louis d'or.

Tout le luxe de ces gens-ci était dans leurs chevaux et leur ar-
mement; leurs maisons sont pitoyables. Il est difficile de voir un
pays plus fertile et un peuple plus misérable, plus ignorant et
plus abruti. Ils préfèrent un bouton de nos soldats à un écu de
six francs. Dans les villages, ils ne connaissaient pas même une
paire de ciseaux. Leurs maisons sont d'un peu de boue; ils n'ont
pour tout meuble qu'une natte de paille et deux ou trois pots de
terre. Ils mangent et consomment en général fort peu de chose.
Ils ne connaissent point l'usage des moulins; de sorte que nous
avons constamment bivouaqué sur des tas immenses de blé, sans
pouvoir avoir de farine. Nous ne nous nourrissions que de légumes
et de bestiaux. Le peu de grains qu'ils convertissent en farine, ils
le font avec des pierres, et dans quelques gros villages, il y a des
moulins que font tourner les bœufs.

Nous avons été continuellement harcelés par des nuées d'Ara-
rabes, qui sont les plus grands voleurs et les plus grands scélé-

Le soir, il arriva à Rosette un corsaire qui annonça avoir vu de très-près la bataille, et qui ajouta que les deux vaisseaux qui avaient brûlé étaient anglais, et que

---

rats de la terre, assassinant les Turcs comme les Français, et tout ce qui leur tombe sous la main. Le général de brigade Muireur, et plusieurs autres aides-de-camp et officiers de l'état-major, ont été assassinés par ces misérables. Embusqués derrière des digues et dans des fossés, sur leurs excellents petits chevaux, malheur à celui qui s'éloigne à deux pas des colonnes !

Le général Muireur, malgré les représentations de la grande garde, seul, par une fatalité que j'ai souvent remarquée accompagner les hommes qui sont arrivés à leur dernière heure, a voulu se porter sur un monticule, à deux cents pas du camp. Derrière étaient trois Bédouins qui l'ont assassiné. La République a fait une perte réelle; c'était un des généraux les plus braves que je connusse.

Il y a dans ce pays fort peu de numéraire, beaucoup de blé, de riz, de légumes, de bestiaux. La République ne peut pas avoir une colonie plus à sa portée et d'un sol plus riche. Le climat est très-sain, parce que les nuits sont fraîches. Malgré quinze jours de marche, de fatigues de toute espèce, la privation absolue du vin et même de tout ce qui peut alléger la fatigue, nous n'avons point de malades. Le soldat a trouvé une grande ressource dans le pastèque, espèce de melon d'eau, qui est en très-grande quantité.

L'artillerie s'est spécialement distinguée ; je vous demande le grade de général de division pour le général de brigade Dommartin. J'ai promu au grade de général de brigade le chef de brigade d'Estaing, commandant de la 4ᵉ demi-brigade. Le général Zayons-

la victoire était pour nous. On le crut d'autant mieux
qu'on y était intéressé ; le bruit s'en répandit, et l'on s'a-
bandonna à la joie. Mais le jour suivant parut avec la

---

chek s'est fort bien conduit dans plusieurs missions importantes
que je lui ai confiées.

L'ordonnateur en chef Sucy s'était embarqué sur notre flottille du Nil, pour être à portée de nous faire passer des vivres du
Delta. Voyant que je redoublais de marche, et désirant être à mes
côtés le jour de la bataille, il se jeta dans une chaloupe canon-
nière, et malgré les périls qu'il avait à courir, il se sépara de la
flottille. La chaloupe échouée, il fut assailli par une grande quantité d'ennemis ; il montra le plus grand courage. Blessé très-dan-
gereusement au bras, il parvint, par son exemple, à ranimer l'équipage, et à tirer la chaloupe du mauvais pas où elle s'était en-
gagée.

Je vous ferai connaître dans le plus grand détail tous ceux
qui se sont distingués, et les avancements que j'ai faits.

Vous trouverez ci-jointe copie de plusieurs lettres essentielles.
Je vous prie d'accorder le grade de contre-amiral au citoyen Perrée, chef de division, un des officiers les plus distingués par son
intrépidité.

Je vous prie de faire payer une gratification de 1,200 fr. à la
femme du citoyen Larrey, chirurgien en chef de l'armée. Il nous
a rendu, au milieu du désert, les plus grands services par son activité et son zèle. C'est l'officier de santé que je connaisse le plus
fait pour être à la tête des ambulances d'une armée.

*(Relation générale de la campagne de Bonaparte en
Egypte, recueillie sur le* RÉDACTEUR.*)*

vérité et amena une consternation générale. Ce brillant succès fit place à une défaite honteuse. C'étaient l'*Orient* et une frégate qui avaient brûlé ; trois vaisseaux avaient

---

Au quartier-général de Gizeh, le 4 thermidor an VI.

BONAPARTE, *général en chef, aux cheicks et notables du Caire.*

Vous verrez, par la proclamation ci-jointe, les sentiments qui nous animent. Hier, les Mameloucks ont été pour la plupart tués ou faits prisonniers, et je suis à la poursuite du peu qui reste encore.

Faites passer de ce côté-ci les bateaux qui vont sur votre rive ; envoyez-moi une députation pour me faire connaître votre soumission.

Faites préparer du pain, de la viande, de la paille et de l'orge pour mon armée, et soyez sans inquiétude, car personne ne désire plus contribuer à votre bonheur que moi.

(*Relation générale, etc.*)

Au quartier général de Gizeh, le 4 thermidor an VI.

BONAPARTE, *général en chef, au peuple du Caire.*

Peuple du Caire, je suis content de votre conduite. Vous avez bien fait de ne pas prendre parti contre moi. Je suis venu pour détruire la race des Mameloucks, protéger le commerce et les naturels du pays. Que tous ceux qui ont peur se tranquillisent ; que ceux qui se sont éloignés rentrent dans leurs maisons ; que la prière ait lieu aujourd'hui comme à l'ordinaire, comme je veux qu'elle continue toujours ! Ne craignez rien pour vos familles, vos

été coulés à fond, et le reste s'était rendu ou avait été fait prisonnier. L'amiral Brueys fut tué. En un mot, nous venions de perdre un combat que nous devions gagner,

---

maisons, vos propriétés, et surtout pour la religion du Prophète que j'aime. Comme il est urgent qu'il y ait des hommes chargés de la police, afin que la tranquillité ne soit pas troublée, il y aura un divan, composé de sept personnes, qui se réuniront à la mosquée de Ver, et il y en aura toujours deux près du commandant de la place, et quatre seront occupés à maintenir la tranquillité publique et à veiller à la police.

Signé BONAPARTE.

(Relation générale, etc.)

Au quartier-général de Gizeh,
le 5 thermidor.

BONAPARTE, général en chef, au pacha du Caire.

L'intention de la République française, en occupant l'Egypte, a été d'en chasser les Mameloucks, qui étaient à la fois rebelles à la Porte et ennemis déclarés du gouvernement français.

Aujourd'hui qu'elle s'en trouve maîtresse, par la victoire signalée que son armée a remportée, son intention est de conserver au pacha du Grand-Seigneur ses revenus et son existence.

Je vous prie donc d'assurer la Porte qu'elle n'éprouvera aucune espèce de perte, et que je veillerai à ce qu'elle continue à percevoir le même tribut qui lui était ci-devant payé.

Signé BONAPARTE.

(Idem.)

7

sans l'ignorance et l'entêtement de l'amiral, qui voulut absolument qu'on se battît à l'ancre, malgré les avis, sans doute sensés, que lui donnèrent le contre-amiral et diffé-

---

BONAPARTE, *membre de l'Institut national, général en chef, au Directoire exécutif.*

Citoyens directeurs ,

Le 18 thermidor, j'ordonnai à la division du général Regnier de se porter à Elkouka pour soutenir le général de cavalerie Leclerc, qui se battait avec une nuée d'Arabes à cheval et de paysans du pays, qu'Ibrahim-Bey était parvenu à soulever. Il tua une cinquantaine de paysans, quelques Arabes, et prit position au village d'Elkouka ; je fis partir également la division commandée par le général Lannes et celle du général Dugua.

Nous marchâmes à grandes journées sur la Syrie, poussant toujours devant nous Ibrahim-Bey et l'armée qu'il commandait. Avant d'arriver à Belbeys, nous délivrâmes une partie de la caravane de la Mecque, que les Arabes avaient enlevée et conduisaient dans le désert, où ils étaient déjà enfoncés de deux lieues. Je l'ai fait conduire au Caire sous bonne escorte. Nous trouvâmes à Lourein une autre partie de la caravane, toute composée de marchands qui avaient été arrêtés d'abord, et je la fis conduire au Caire. Le pillage des Arabes a dû être extrêmement considérable. Un seul négociant m'assura qu'il perdait en châles et autres marchandises des Indes pour 200,000 écus. Ce négociant avait avec lui, suivant l'usage du pays, toutes ses femmes. Je leur donnai à souper et leur fis procurer les chameaux nécessaires pour leur voyage au Caire. Plusieurs paraissaient avoir une assez bonne tournure ; mais leur visage était couvert selon l'usage du pays, usage auquel l'armée s'accoutume le plus difficilement.

rents commandants plus expérimentés que lui, de se battre
à la voile. Ainsi, la sottise d'un seul homme est cause de
la perte d'une escadre et de beaucoup de marins ; ainsi,

———————

Nous arrivâmes à Salehieh , qui est le dernier endroit habité
de l'Egypte, et où il y ait de la bonne eau. Là, commence le désert qui sépare la Syrie de l'Egypte.

Ibrahim-Bey , avec son armée , ses trésors et ses femmes ,
crut devoir partir de Salehieh. Je le poursuivis avec le
peu de cavalerie que j'avais. Nous vîmes défiler devant nous ses
immenses bagages. Un parti arabe de deux cent cinquante hommes, qui était avec eux, nous proposa de charger avec nous pour
partager le butin. La nuit approchait ; nos chevaux étaient érein-
tés, l'infanterie très-éloignée. Le général Leclerc chargea l'arrière-
garde. Nous leur enlevâmes deux pièces de canon qu'ils avaient
et une cinquantaine de chameaux chargés de tentes et de différents
effets. Les Mameloucks soutinrent la charge avec le plus grand
courage. Le chef d'escadron d'Estrées, du 7e hussards, a été mor-
tellement blessé ; mon aide-de-camp Sulkowski a été blessé de
sept ou huit coups de sabre et de plusieurs coups de feu. L'escadron monté du 7e de hussards, du 22e de chasseurs, des 3e et
15e de dragons, se sont parfaitement conduits. Les Mameloucks
sont extrêmement braves et formaient un excellent corps de cavalerie légère, richement habillés, armés avec le plus grand soin,
et montés sur des chevaux de la meilleure qualité. Chaque officier
d'état-major, chaque hussard a soutenu un combat particulier.
Lasalle, chef de brigade du 22e, laissa tomber son sabre au milieu
de la charge. Il est assez adroit et assez heureux pour mettre
pied à terre et se trouver à cheval pour se défendre et attaquer un
des Mameloucks les plus intrépides. Le général Murat, le chef de

l'on perd de grands avantages ; ainsi, l'on fait une perte
peut-être irréparable par la sotte vanité d'un amiral qui
ne veut point écouter de sages conseils. Oh ! que le sort

---

bataillon, mon aide-de-camp Duroc , le citoyen Leturcq , le citoyen Colbert, l'adjoint Arrighi, engagés trop avant par leur ardeur
dans le plus fort de la mêlée, ont couru les plus grands dangers.

Ibrahim-Bey traverse dans ce moment-ci le désert de Syrie. Il a
été blessé dans le combat.

Je laissai à Salehieh la division du général Regnier et des officiers du génie pour y construire une forteresse, et je partis le 26
thermidor pour revenir au Caire. Je n'étais pas éloigné de deux
lieues de Salehieh que l'aide-de-camp du général Kléber arrive, et m'apporte la nouvelle de la bataille qu'avait soutenue notre escadre le 14 thermidor. Les communications sont si difficiles,
qu'il avait mis onze jours pour venir.

Le 18 messidor , je suis parti d'Alexandrie ; j'écrivis à l'amiral
d'entrer sous vingt-quatre heures dans le port de cette ville, et si
son escadre ne pouvait pas y entrer , de décharger promptement
toute l'artillerie et tous les effets appartenant à l'armée de terre, et
de se rendre à Corfou.

L'amiral ne crut pas devoir achever le débarquement dans la
position où il se trouvait, étant mouillé devant le port d'Alexandrie, ni sur des rochers, et plusieurs vaisseaux ayant déjà perdu
leurs ancres. Il alla mouiller à Aboukir, qui offrait un bon mouil-
lage ; j'envoyai des officiers de génie et d'artillerie, qui convinrent
avec l'amiral que la terre ne pouvait lui donner aucune protection,
et que si les Anglais paraissaient pendant les deux ou trois jours
qu'il fallait qu'il restât à Aboukir , soit pour débarquer notre artillerie, soit pour sonder et marquer la passe d'Alexandrie, il n'y

d'un empire dépend de bien peu de chose !... Ne serons-nous jamais heureux sur mer !

Pendant que l'armée navale devenait la proie des flots,

---

avait pas d'autre parti à prendre que de couper ses câbles, et qu'il était urgent de séjourner le moins possible à Aboukir.

Je suis donc parti d'Alexandrie dans la ferme croyance que, sous trois jours, l'escadre serait rentrée dans le port d'Alexandrie, ou aurait appareillé pour Corfou. Depuis le 18 messidor jusqu'au 6 thermidor, je n'ai eu aucune espèce de nouvelle, ni de Rosette ni d'Alexandrie. Une nuée d'Arabes accouraient de tous les points du désert, et étaient continuellement à cinq cents toises du camp. Le 9 thermidor, le bruit de nos victoires et différentes dispositions rouvrirent nos communications. Je reçus plusieurs lettres de l'amiral, où je vis avec étonnement qu'il se trouvait encore à Aboukir. Je lui écrivis sur-le-champ pour lui faire sentir qu'il ne devait pas perdre une heure à entrer à Alexandrie, ou se rendre à Corfou.

L'amiral m'instruisit, par une lettre du 2 thermidor, que plusieurs vaisseaux anglais étaient venus le reconnaître, et qu'il se fortifiait pour attendre l'ennemi, cantonné à Aboukir. Cette étrange résolution me remplit des plus vives alarmes, car la lettre que l'amiral écrivait le 2 thermidor ne m'arriva que le 12. Je lui expédiai le citoyen Julien, mon aide-de-camp, avec ordre de ne pas partir d'Aboukir qu'il n'eût vu l'escadre à la voile. Parti le 12, il n'aurait pu jamais arriver à temps.

Le 8 thermidor, l'amiral m'écrivit que les Anglais s'étaient éloignés, ce qu'il attribuait au défaut de vivres. Je reçus cette lettre le 12, par le même courrier.

Le 11, il m'écrivait qu'il venait enfin d'apprendre la victoire

du feu et de l'ennemi, notre armée de terre donnait des
preuves de sa valeur aux Mameloucks, et poursuivait
ceux-ci la baïonnette aux reins.

Le 25 messidor (16 juillet 1798) sera célèbre par la
bataille de la flottille sur le Nil. Les Mameloucks et les
Arabes l'assaillirent en même temps et avec des pièces
de 24. Notre flottille fut plus heureuse que sa mère; elle

---

des Pyramides et la paix du Caire, et que l'on avait trouvé une
passe pour entrer dans le port d'Alexandrie. Je reçus cette lettre
le 18.

Le 14 au soir, les Anglais l'attaquèrent. Il m'expédiait, au moment où il aperçut l'escadre anglaise, un officier pour me faire
part de ses dispositions et de ses projets. Cet officier a péri en
route.

Il me paraît que l'amiral Brueys n'a point voulu se rendre à Corfou, avant qu'il eût été certain de ne pas pouvoir entrer dans le
port d'Alexandrie, et que l'armée, dont il n'avait pas de nouvelles
depuis longtemps, ne fût dans une position à ne point avoir besoin de retraite. Si, dans ce funeste événement, il a fait des fautes,
il les a expiées par une mort glorieuse.

Les destins ont voulu, dans cette circonstance comme tant d'autres, prouver que, s'ils nous accordent une grande prépondérance
sur le continent, ils ont donné l'empire des mers à nos rivaux.
Mais, si grand que soit ce revers, il ne peut pas être attribué à
l'inconstance de la fortune; elle ne nous abandonnera pas encore!
Bien loin de là, elle nous a servis dans toute cette opération au-
delà de ce qu'elle a jamais fait. Quand j'arrivai à Alexandrie et
que j'appris que les Anglais y étaient passés en forces supérieu-

souffrit beaucoup, mais elle arriva, percée de toute part, devant Boulack où elle se radouba. Beaucoup de Français furent tués, blessés ou faits prisonniers dans cette affaire.

Il y eut encore un combat dans cet intervalle, c'est celui de Damenhour.

Le 3 thermidor (21 juillet 1798) ne sera pas moins

---

res quelques jours auparavant, malgré la tempête affreuse qui régnait, au risque de me naufrager, je me jetai à terre. Je me souviens qu'à l'instant où les préparatifs du débarquement se faisaient, on signala dans l'éloignement, au vent, une voile de guerre. (C'était la *Justice* revenant de Malte.) Je m'écriai :« O fortune! m'abandonneras-tu ? Quoi! seulement cinq jours! » Je marchai toute la nuit; j'attaquai Alexandrie à la pointe du jour, avec trois mille hommes harassés, sans canon et presque sans cartouches, et dans les cinq jours, j'étais maître de Rosette, Demenhour, c'est-à-dire déjà établi en Egypte. Dans ces cinq jours, l'escadre devait se trouver à l'abri des Anglais, quel que fût leur nombre. Bien loin de là, elle reste exposée pendant tout le reste de messidor. Elle reçoit de Rosette, dans les premiers jours de thermidor , un approvisionnement de riz pour deux mois. Les Anglais se laissent voir en nombre supérieur, pendant dix jours, dans ces parages. Le 11 thermidor, elle apprend la nouvelle de l'entière possession de l'Egypte et de notre entrée au Caire, et ce n'est que lorsque la fortune voit que toutes ses faveurs sont inutiles, qu'elle abandonne notre flotte à son destin.

Je vous salue.   Signé BONAPARTE.
                                          (*Relation générale , etc.*)

glorieux pour les armes françaises. La bataille des Pyramides confirma à nos ennemis que leur perte était iné-
vitable s'ils ne cherchaient leur salut dans la fuite. L'armée se forma en bataillon carré, et opposa aux Mameloucks une résistance qui les dérouta. Ils s'enfuirent à
travers les déserts, en laissant aux vainqueurs un butin
considérable, tant en effets précieux qu'en chameaux,
chevaux, dromadaires, bœufs, moutons, etc.; ils perdirent environ 3,000 hommes.

Ibrahim, avec les débris de la maison et ses femmes,
ayant avec lui environ 4,000 Mameloucks, se retira dans
la Syrie. Mourad-Bey passa dans la Haute-Egypte avec le
reste de ses troupes. Le général en chef Bonaparte ordonna à la division Desaix de poursuivre le dernier, et
à la division Regnier de poursuivre le premier.

L'armée arriva à Gizeh le 4. Elle passa le Nil le jour
même et se porta sur le vieux Caire, et de là au grand
Caire, où elle entra le 5 thermidor.

Je partis de Rosette le 17 thermidor. La nuit du 19,
nous eûmes quelques alertes de la part des Arabes, qui
nous tiraient de temps en temps des coups de fusil. Nous
étions sous la conduite de l'aviso l'*Etoile*. Nous fûmes
obligés de descendre à tous moments pour le tirer, car il
échouait à chaque instant.

Nous avions sur notre djerme le schérif d'Alexandrie, qui nous régalait très-souvent de pastèques. Il avait
été convaincu d'avoir trahi les Français, en correspon-

dant avec les Mameloucks, et on le menait, sous bonne escorte, au général Bonaparte. Il fut décapité en arrivant au Caire.

Le 22, les vivres commencèrent à nous manquer, et la faim nous tourmenta cruellement. Nous descendions à terre à chaque instant pour chercher de quoi apaiser nos besoins. Nous mangions des pastèques pas encore mûres, des citrouilles, enfin ce que nous trouvions.

Le 23, nous nous arrêtâmes à un village où nous achetâmes, à des Arabes d'une tribu amie, quelques galettes cuites seulement sous la cendre ; nous les mangeâmes de très-bon appétit.

Le 24, nous fîmes beaucoup de chemin, et le patron de notre djerme nous fit comprendre que nous n'étions guère éloignés de la capitale. Les Pyramides, que nous aperçûmes, nous le persuadèrent encore mieux. Nous rencontrions à chaque pas des corps morts, des chameaux, etc., étendus sur le sable ou entraînés par les eaux du Nil. Le soir même, nous arrivâmes à un endroit où il y avait plus de cinquante cadavres les uns sur les autres. Quelques lambeaux de vêtements nous firent connaître que c'étaient de nos ennemis.

Comme nous arrivâmes assez à bonne heure à cette destination, quelques personnes se mirent à se baigner ; quelques-unes s'étant écartées un peu trop, trois furent prises par les Bédouins. On voulut aller à la poursuite de

8

ces derniers, mais ce fut en vain, les chevaux les servaient trop bien dans cette occasion.

Le 25, nous approchions de la ville du Caire, et nous
ne remarquions rien de ce qui annonce l'approche d'une
capitale, surtout aussi grande. Le Nil seulement, qui est
en cet endroit très-large, prête un aspect imposant à ce
qui l'environne. Il se partage là en deux branches.

Le pays, depuis Rosette jusqu'à Boulac, est magnifique; ce n'est qu'une continuité de villes et de villages
sur les deux rives du Nil. La terre est très-fertile et
très-variée dans ses productions. Les bestiaux et le gi-
bier, surtout les pigeons, y sont en prodigieuse quantité.
Il y a des prairies si étendues, que l'œil ne peut les me-
surer. Les laboureurs de ces provinces me parurent assez adonnés au travail; ils cultivent assez soigneusement, et même avec goût, leurs champs, qui, dans bien
des endroits, paraissent des parterres ou de vastes pota-
gers. Ils font travailler continuellement des bœufs et
des buffles, qui tirent de l'eau du Nil par le moyen d'un
chapelet de pots, et la versent dans une espèce de réser-
voir qui distribue cette eau bienfaisante par différents
petits canaux. C'est ce qui donne la fertilisation à cette
terre qui, sans cette peine, serait aride. Nous vîmes
aussi, dans ces vastes campagnes, de nombreux troupeaux de chameaux, de bœufs, de moutons et de chèvres.

Sur les deux heures après-midi, nous arrivâmes à

Boulac. Nous eûmes le temps d'examiner avant la position du Caire. Elle paraît imposante, et, de loin, on croit
qu'on va voir un très-beau séjour. Elle est située au
pied de la montagne nommée du Levant ou Mokatan, et
sur la rive droite du Nil, et s'étend jusqu'à la Coubé, où
commence le désert. Nous y entrâmes le 26 au matin.
C'est une grande ville, à la vérité, mais pas comme
Paris, comme quelques voyageurs l'ont faussement avan-
cé. Elle a sept milles de circuit, sans comprendre ses
faubourgs. Sa bâtisse est généralement très-mauvaise ;
ses rues sont obscures et sans alignement ; elles ne sont
seulement pas pavées (ce qui n'est plus en usage chez les
Egyptiens modernes). Sa population comprend plus de
300,000 âmes. On y compte 500 mosquées ou minarets
et 70 bains publics. Le peuple est assez doux et tranquille ; il n'est pas sauvage comme à Alexandrie. Son
commerce est considérable, principalement en sucre,
café, poivre, tabac, amandes, ivoire, coton, taffetas, ca-
chemires, mousseline des Indes, porcelaine de la Chine,
plumes d'autruche, corail, ambre, poudre d'or, etc.

L'extérieur des maisons n'a rien de beau (1), et la ma-

---

(1) Elles sont à plusieurs étages, terrassées, bâties de briques;
beaucoup n'ont pour plafond que des roseaux soutenus par des
poutres de dattiers, le tout enduit de plâtre. Les fenêtres sont
grillées et garnies de jalousies pour que les femmes ne soient pas
vues.   (*Note de l'auteur.*)

gnificence des palais des grands consiste en quelques salles
pavées de marbre ; on y voit aussi des tapis et des cous-
sins d'une grande richesse. Le luxe de ce pays est de
porter un beau turban ou de cachemire ou de mousseline, d'avoir une robe ample et des manches très-larges ,
une infinité d'esclaves qui courent devant le cheval ; ils
sont partagés en nombre égal devant et derrière. L'un
soutient son sultan de peur de quelque chute, et ce der—
nier, la main appuyée sur la tête de son janissaire , traverse la ville avec la gravité d'un sénateur romain , et
distribue de temps à autre des salamalecs avec un air
de protection. C'est une marque de dignité et de grandeur que d'aller à pas comptés. Je connaîtrai aussi l'ai-
sance d'un Turc par ses longs tuyaux de pipes en bois de
lilas, couverts de taffetas, avec une broderie d'argent et
une petite houppe de soie, soit rose, soit bleue ; par ses
beaux boucains d'ambre gris ou jaune , ou de saphir, ou
de jaspe.

On compte trois principales places dans cette ville.
Celle d'Elbequier, celle de Berquel-el-Fil et celle de la
Citadelle, qui est, je crois, la plus belle et cependant la
moins fréquentée. Les deux premières sont pleines d'eau
lors du débordement du Nil ; on n'y voit ni arbre, ni
fontaine, ni aucun autre embellissement.

Le château est plus vaste que le fort, sans régularité ;
il est dominé par la montagne du Levant. La garde en
était confiée aux janissaires et aux Arabes avant l'en-

trée des Français On y voit un puits extraordinaire,
nommé vulgairement puits de Joseph, et, en arabe, du
Limaçon, à cause de la figure spirale de sa descente.
C'est un carré de seize pieds de large sur vingt-quatre
de long, et taillé entièrement dans le roc. Sa profondeur
est de deux cent soixante-quatre pieds, mais en deux
coupes qui ne sont pas perpendiculaires l'une à l'autre ;
la première coupe a cent quarante-huit pieds, la deuxième
cent seize. On tire l'eau par le moyen d'une double roue
et d'un double chapelet de cruches de terre. Les bœufs
employés à faire tourner ces roues descendent à la première coupe par une galerie creusée dans le roc, qui
règne autour du puits du haut en bas. Cette eau n'est
potable que dans le temps de l'inondation, après quoi
elle est saumâtre.

Je fus voir aussi, chez Mourad-Bey, différents animaux
du pays ; celui qui me frappa le plus, ce fut l'autruche.
Cet oiseau extraordinaire a quelques rapports avec le
chameau ; il en a le col et les jambes.

On ne voit pas, en cette ville, des voitures comme à
Paris ; mais les ânes sont employés pour les courses lé-
gères ; ce sont de prompts messagers ; les chameaux pour
les grosses charges. Ces animaux, qui sont toujours en
grand nombre à la suite les uns des autres, obstruent
bien souvent les rues, lorsqu'ils sont chargés comme ils
doivent être. Aussi, les bagarres sont continuelles, et
surtout encore lorsque des ânes, chargés de foin ou de

farine, se trouvent, sur leur passage, suivis de chevaux fou-
gueux et fringants. Il faut voir le quartier qu'on nomme
Mousqui, pour avoir une juste idée de l'embarras du
Caire. Je préférais cent fois celui de Paris. Comme les
rues ne sont pas pavées et que, d'ailleurs, des ânes font
moins de bruit que des voitures, il arrive assez souvent
qu'on se trouve heurté ou renversé par ces incivils per-
sonnages.

J'eus ordre, le 27 thermidor (14 août 1798), de me rendre à Elkouka, en qualité de commis aux vivres ; je restai encore trois jours au Caire, en attendant le convoi
qui devait partir ; nous partîmes le 29 , et arrivâmes le
soir du même jour. Comme nous sortions du Caire, la
caravane des pélerins de la Mecque et des marchands
des Indes arrivait. Elle avait été presque entièrement
pillée par les Mameloucks, qui les trouvèrent à Belbeis.
Elle était composée, en partant de Medine, de 6,000 chameaux, et il n'en arriva au Caire qu'environ 2,500. Beaucoup avaient aussi péri par des maladies et des coups
d'air. Le costume des pélerins est tout à fait différent
de celui des gens du pays ; ils ont une grande pièce de
toile de coton blanc qu'ils passent sur la tête et qu'ils
font venir sur le col et retomber sur l'épaule gauche,
ce qui leur fait sur la tête comme une espèce de capu-
chon ; quant au reste du costume, il ressemble un peu
à celui des anciens Romains.

Je vis, en me rendant à ma destination, la ville des Tom-

beaux ; il semble voir une ville qui paraît dans le loin-
tain. Nous fûmes de là à la Coubé, qui est un village désert ; un peu au-dessus est un endroit qui sert de loge-
ment à la caravane, avant qu'elle puisse entrer en ville.
En passant une forêt qui est entre la Coubé et Elkouka,
les Arabes se mirent à la poursuite de notre convoi ; nous
n'étions que vingt-cinq. Ils nous parurent beaucoup plus
nombreux ; cependant, ils ne hasardèrent pas une attaque ouverte, ils se contentèrent de nous tirer quelques
coups de fusil à perte. Nous arrivâmes donc sains et
saufs à notre poste. C'est un bourg assez gros et mieux
bâti que le Caire. Les rues sont droites et alignées ; les
maisons sont bâties en pierre de taille ; il y a une fort
belle mosquée. Cet endroit était abandonné depuis que
les Français l'avaient pillé pour cause de révolte de la
part des habitants ; on y trouva beaucoup d'argent. Il y
croît de fort bonnes dattes, des pastèques et quelques
figues. Quatre-vingts hommes de la 4e demi-brigade y étaient alors en garnison ; mais nous n'y étions
pas en sûreté ; les habitants du pays, joints aux Bédouins,
nous inquiétaient à chaque heure ; toutes les nuits, nous
étions sur pied ; plusieurs factionnaires furent tués, et
si le troisième bataillon de la 22e ne fût pas venu relever
le poste, nous aurions été infailliblement égorgés.

Les maladies des yeux, jointes aux cousins, aux scor-
pions et aux tarentules, qui nous faisaient une guerre
cruelle et opiniâtre, ainsi que le manque d'eau et la

mauvaise nourriture, nous rendirent ce séjour odieux. Nous attendîmes avec impatience le moment où nous en sortirions. Enfin, nous eûmes l'ordre de l'évacuer totalement, après y avoir resté quinze jours. On nous assigna le poste d'El-Matarié, où nous nous rendîmes le 13 fructidor. Nous trouvâmes beaucoup de changement ; à la vérité, nous étions logés à la belle étoile, dans un bois de citronniers et d'orangers; mais au moins nous avions de l'eau fraîche et de quoi faire de la limonade. Nous fûmes visiter la place où était Héliopolis, cette ville fameuse et riche du temps du roi Nectenabo. Est-ce là, me disais-je à moi-même, ce qui reste de cette cité superbe? Où sont ces habitants industrieux ? Où sont ces palais magnifiques? Qu'est devenu ce commerce considérable? Qui a ainsi anéanti cette ville et sa population? L'ignorance et l'ambition, semblait me dire une voix souterraine. Il ne reste de tant de splendeur qu'un obélisque de granit rouge, qu'on dirait être là pour rappeler qu'il y eut une Héliopolis.

Nous restâmes à El-Matarié environ douze jours. Je me plaisais assez dans ce charmant endroit ; il est champêtre et pittoresque. Nous eûmes ordre de nous rendre à la Coubé, toujours avec le troisième bataillon de la 22e. Au bout de trois jours que nous y étions, les Arabes passèrent, sur les trois heures du matin, tout près du poste; ils ne se méfiaient pas que nous étions là. On leur fit une bonne fusillade ; deux furent tués ; ils nous abandonnè-

rent une cinquantaine d'ânes qu'ils avaient pris aux
paysans.

Nous retournâmes au Caire le 27 fructidor (15 septembre 1798). On m'assigna le poste du vieux Caire ; j'y
trouvai des amis , et je m'y plus. L'île de Roda (1), qui
est un charmant endroit, fut souvent le choix de ma pro-
menade. Je fus souvent visiter le château de Sala-Eddui
et le Nilomètre. L'eau, cette année , passait presque le
chapiteau de la colonne. Des gens du pays ont dit que,
depuis cent ans, le Nil n'avait été si beau.

Le 5 fructidor, il se fit une grande fête pour le débordement du Nil. Les principaux de la ville et l'état-major
général de l'armée étaient présents lorsqu'on coupa le
kalis. On imita dans cette cérémonie les usages anciens,
excepté qu'on ne sacrifia pas une jeune fille comme autrefois. L'affluence du peuple est considérable, et sa joie
extrême. Elle est naturelle à cause du besoin d'eau (2).

---

(1) Raoudah.

(2) *Lettre particulière écrite par le citoyen* Dupuy *, commandant
de la ville du Caire, au citoyen* Deville, *négociant à Toulouse.*

Le travail excessif que nécessite le commandement du Caire a
légèrement altéré ma santé. Cela serait-il possible autrement ?
Une ville de six cent mille âmes, où l'on ne peut être entendu de
personne, et où nous devons faire tout par nous-mêmes, c'est-à-dire
où nous formons une colonie et des établissements en tout genre.
Tout semble prospérer, et la fortune n'abandonne pas notre héros

Pendant mon séjour au vieux Caire, où je restai jusqu'au 16 pluviôse, je vis beaucoup de mariages et de cir-
concisions. La première fut celle d'un fils du schérif. Le
circoncis était monté sur un cheval très-bien harnaché,
avec une cravate blanche attachée à la bride ; par der-

---

comme notre ami. Nous célébrons ici avec enthousiasme les fêtes
de Mahomet; nous trompons les Egyptiens par notre simulé atta-
chement à leur religion, à laquelle Bonaparte et nous ne croyous
pas plus qu'à celle de Pie le défunt. Cependant, et quoi qu'on en
dise, ce pays deviendra pour la France un pays inappréciable, et
avant que ce peuple ignare revienne de sa stupeur, tous les co-
lons auront le temps de faire leurs affaires.

Nous remplaçons des scélérats qui ne laissaient au peuple que
la chemise, et, en le faisant contribuer d'une manière uniforme,
il trouvera encore un grand changement. Déjà la rudesse du caractère des habitants s'adoucit ; notre aménité leur paraît extraordinaire, et peu à peu, nous les rendrons moins farouches, quoique
nous soyons obligés de les tenir sous un régime sévère, pour leur
inspirer une crainte nécessaire, en en faisant punir quelques-uns
de temps à autre. Cela les tient au point où ils doivent être.

Bonaparte est toujours le même; il n'a pas dormi qu'il n'ait eu
chassé les deux beys régnants : l'un, Ibrahim, dans les déserts de
la Syrie, et l'autre, Murat (*), dans la Haute-Egypte, au-dessus
des cataractes du Nil. Toutes ces expéditions ont été exécutées
avec la rapidité ordinaire, et aujourd'hui nous sommes en repos.
Voilà encore une des plus grandes provinces romaines conquises
en quinze jours, et, si ce n'était la guerre continuelle que nous

(*) Mourad-Bey.

rière suivaient les orateurs de la mosquée , le barbier
(qui est celui qui circoncit); les ulémas et les derviches,
portaient les instruments de circoncision ; les parents et
les alliés suivaient le cortége , en poussant de temps en
temps des cris de joie. Il y eut des illuminations pen-

---

avons avec les Arabes et les Bédouins, je t'assure que nous serions aussi tranquilles qu'à Paris.

Nous avons célébré, avant-hier, l'ouverture du Nil ; c'est la plus
belle fête de l'Egypte, et nous y avons déployé toute la gaîté et la
folie françaises. Dans trois jours , nous devons célébrer la fête de
Mahomet ; tu ne le croiras pas, mais je t'assure que nous sommes
aussi fervents que les pélerins les plus fanatiques. Enfin, voilà la
troisième pantomime que nous allons jouer, car l'entrée solennelle
de la caravane de la Mecque que nous avons faite ici n'est pas
peu de chose ; tu aurais ri de me voir avec nos musiciens à la tête
de ces pélerins.

Ah ! mon cher, si tu voyais nos soldats ! Ils ont chacun un gros
âne, qui galope ventre à terre ; ils sont on ne peut plus contents, et,
dans l'affaire qu'a eue ma brigade, elle a gagné plus de trois cent
mille francs ; l'or roule , et cent louis sont une chose commune
parmi nos volontaires ; enfin, ce pays deviendra plus utile à la
France que toutes les îles possibles, puisque, sans travailler, on
recueille , et que c'est le Nil qui fait tout. Enfin, mon cher, la
charge du superbe blé vaut 140 paras , où 5 fr. 50 c., et la charge
pèse trois quintaux.

Signé DUPUY.

(Relation générale de la campagne de Bonaparte en
Egypte, p 47.)

dant huit soirées, et des fêtes publiques plus singulières
les unes que les autres. La première fut une espèce de
comédie bouffonne, où des hommes, vêtus originalement,
les uns presque nus , les autres la figure enfarinée et
ayant des torches à la main , se faisaient mille singeries,
dansaient et poussaient des cris. Quelques-uns faisaient
des demandes aux femmes du schérif, qui regardaient la
scène à travers leurs grilles, et ces demandes blesseraient
la pudeur du Français le plus incivil. Celles-ci leur ré-
pondaient par des chansons non moins lubriques ; c'est
alors qu'on voyait rire pour la première fois ce peuple
imbécile et barbare, et que nous autres, Européens, haus-
sions les épaules. Les sept autres soirées se passèrent
en illuminations , feux d'artifice et promenades noc-
turnes.

Les enterrements se font de cette manière : Ils sont
annoncés par une troupe d'aveugles, qui chantent des
hymnes funèbres; suit le corps du défunt, qui est porté
en haut par quatre hommes; ensuite viennent les parents
et les amis, qui invoquent Mahomet à haute voix. On
voit toujours un grand nombre de femmes , ayant leur
tête ceinte de bandelettes, et poussant des cris horribles.

Les mariages se font de cette manière: Ils s'annoncent
d'abord par le bruit des tambours de basque et des es-
pèces de clarinettes à sons aigus et discordants. On fait
une pause à chaque cinquante pas, et des hommes dan-
sent et se battent avec de grands bâtons, tout en dansant.

La famille de la mariée et de celui qui épouse et les femmes du schériff, lorsque c'est un riche du pays, sont trois par trois, et sont conduites par des hommes avec des gaules; ils ont soin de les faire arrêter et marcher quand il faut. Elles sont menées absolument comme les bœufs; j'en ai vu maltraiter une pour avoir regardé de côté et n'avoir pas marché de suite au commandement. La mariée est dans le milieu du cortége, couverte d'un voile qui lui descend jusqu'aux pieds; elle porte sur la tête et dans une espèce de couronne sa dot, c'est-à-dire le prix de celui qui l'a achetée. Une jeune fille marche devant elle avec un éventail de plumes d'autruche à la main, et se retourne à chaque pas pour l'éventer. Deux autres femmes, qui sont ses plus proches parentes, la soutiennent sous les bras, et elle s'achemine ainsi vers la maison de son mari. Lorsqu'elle est devant la porte, on fait un grand roulement, pendant lequel deux hommes enlèvent la femme et la conduisent chez son époux, tandis que celui-ci soutient la tête, de peur sans doute que la dot ne lui soit enlevée. Si c'est un vendredi que se fait le mariage, la mariée ne peut entrer au lit nuptial qu'au vendredi prochain, parce que la loi leur prescrit de se purifier, c'est-à-dire de se baigner le jeudi.

Nous ne pûmes nous empêcher de rire, lorsque nous vîmes les danseurs demander leur salaire, et qu'on leur colla avec de la salive des paras sur la figure. Alors, chaque Français, pour avoir le plaisir de leur mettre du crachat, se pressa de leur donner des paras. Dans un instant, ils en furent couverts. Pendant cela, ils chantent et font des extravagances (1).

---

(1) Alex. Lacorre ne voulait pas restreindre à ces quelques lignes les renseignements recueillis par lui sur les mœurs des Egyptiens. Voici une note trouvée dans son portefeuille, et qui indique les sujets sur lesquels il avait réuni des documents : —*Traitement des fous et des aveugles.* — *Fêtes et danses des Egyptiens.* — *Les femmes ne vont pas prier.* — *Des mosquées et de ce qui leur est particulier.* — *De l'éducation des enfants.* — *Des bains.* — *Des esclaves.* — *De la manière dont les filles perdent leur virginité.* — *Des funérailles.* — *De la sépulture des morts.*

Une seconde note, intitulée : *Remarques*, est ainsi conçue :

« Il est bien étonnant que, dans un pays aussi chaud que l'Egypte et où l'eau est fort rare, au-delà des rives du Nil, les chiens ne soient pas sujets à la rage. Il faut bien que ces animaux se soient imposé un régime et une abstinence très-sévères ; car ceux qui sont sur le bord de la mer, ceux d'Alexandrie et ceux qui habitent le désert, ainsi que les chacals, ne peuvent pas boire souvent, vu le manque absolu d'eau dans ces endroits-là. Il est à présumer qu'ils fouillent pour trouver de l'eau, ainsi qu'ils font lorsqu'il vont déterrer les morts pour les manger. Je me suis assuré de ce dernier fait par moi-même, et en ai surpris rongeant et emportant des cadavres par morceaux.

» *Des enfants.* — Vous voyez, dans chaque maison, les enfants tout nus et tout malpropres ; et cependant, dans cette négligence, ils acquièrent cette force et cette taille avantageuse que nous admirons. A quinze ans, ils sont déjà formés. Aussi, chaque mère nourrit son enfant de son propre lait, et ne le confie ni à une ser-

Le 1er vendémiaire (22 septembre 1798), on célébra l'an VIIe de la République. Il y eut courses, illuminations et feux d'artifice, suivis d'une décharge générale d'artillerie. Cette fête fut très-brillante. Le général en chef donna à dîner aux principaux de la ville, à une partie du divan et à l'émir Hadji. Il y avait partout des inscriptions en arabe et en français, portant : *Il n'y a de Dieu que Dieu, et Mahomet est son Prophète.* Les départements de la République étaient représentés par des piquets rangés en cercles. Au milieu était un obélisque, sur lequel étaient ces mots : d'un côté, « A la République française ! l'an VIIe »; sur l'autre, « A l'expulsion des Mameloucks ! l'an VIe »; sur les deux autres faces, divers passages de l'Alcoran. A l'entrée de la place s'élevait un arc-de-triomphe, où était représentée en bas-relief la bataille des Pyramides. Partout l'on voyait le croissant à l'ombre du drapeau tricolore.

Le 30 vendémiaire (21 octobre 1798) vit éclore la sédition à l'œil hagard, à l'air farouche et à la démarche égarée. Les Turcs voulaient qu'il n'existât plus un Français. Ils se portaient en foule à la place d'Elbéquier, et en voulaient principalement au sultan Bonaparte. La

---

vante, ni à une nourrice. Les maîtres ne sont pas élevés avec plus de délicatesse que leurs esclaves. L'éducation seule les distingue. A ceux-ci on apprend à lire et à écrire, et les premiers n'apprennent que la profession de leur père. »

fusillade s'engagea très-vivement dans les rues. Le général de brigade Dupuy reçut un coup de lance qui lui
ôta la vie. Les révoltés, enhardis par ce premier coup
d'essai, se croyaient vainqueurs ; ils se retirèrent dans
la grande mosquée, et s'y barricadèrent. Le général Dommartin les bombarda pendant six heures, et ils furent
obligés de se rendre à notre discrétion, après avoir perdu
beaucoup de monde par les bombes. Le lendemain , je
fus à la ville, croyant que tout était fini ; nous fûmes
jusqu'à Mouski. On voyait à chaque pas des hommes
étendus et noyés dans leur sang ; pas un chat dans les
rues. Je consultai les visages des habitants. Tous étaient
sur leurs portes. Ils se regardaient d'un air inquiet , et
avec ce silence morne, plus effrayant mille fois que les
cris tumultueux d'une populace effrénée ; ce silence
était celui de la mort, ou plutôt l'avant-coureur d'un
nouveau massacre. Les fenêtres étaient chargées de pierres et de pots de terre pour écraser les Français qui au -
raient le malheur de passer dessous. Enfin, des amis sages, et qui connaissaient mieux le danger que moi, me
conseillèrent à moi et à ceux qui m'avaient accompagné,
de retourner au vieux Caire. Nous y retournâmes, en
effet, et nous entendîmes dire peu à près que le quartier
où nous avions passé était révolté.

Le calme ne fut rétabli parfaitement qu'au bout de
huit jours. Les révoltés perdirent plus de trois mille
hommes ; nous en perdîmes une cinquantaine.

Cette révolution avait été presque générale en Egypte.

Le 8 nivôse (28 décembre 1798), on fut voir les Pyramides; je m'y trouvai. Elles sont à trois heures de marche
de Gizeh. Nous arrivâmes d'abord, après avoir traversé
une belle plaine, à deux ponts magnifiques qui ressem-
blent assez, l'un au Pont-Neuf, l'autre au pont Louis XVI,
à Paris. De là, nous fûmes droit aux Pyramides. Elles
sont au nombre de trois, deux grandes et une petite. Il
y en a aussi de très-petites qui tombent en ruines. Nous
fûmes étonnés de ce travail, qui a dû être long et péni-
ble, chaque pierre étant d'une énorme grosseur. On entre dans la grande par une espèce de soupirail où il faut
beaucoup se baisser pour entrer. Nous y fûmes avec la
lumière, et nous entrâmes dans deux chambres : la première, grande d'environ trente-deux pieds de longueur
sur dix-neuf de haut et seize de large; la deuxième, de
vingt pieds sur quatorze de haut. La première est couverte de granit rouge en tout sens, et dans le milieu est
un mausolée aussi de granit (1). En général, les trois
Pyramides sont assez bien conservées, et dans des endroits, on dirait que l'ouvrage est fait il y a deux jours.
La grande peut avoir sept cents pieds de haut sur autant de large. On y monte par des degrés en tout sens.

---

(1) Ce mausolée a huit pieds de long sur quatre de large. On
présume qu'il contenait le corps du roi qui fit bâtir cette Py-
ramide.   (*Note de l'auteur.*)

10

Nous fûmes de là voir le Sphinx ; il était autrefois très-révéré des anciens Egyptiens. Il n'en reste plus que la tête, qui est d'une grosseur énorme.

Tout cet emplacement était jadis la ville des Tombeaux, qui avait coûté des sommes immenses aux rois d'Egypte.

On voit, avant d'arriver aux Pyramides et près des ponts, une longue suite d'anciens murs ; on croit que ce sont les restes des faubourgs de l'ancienne Memphis.

Je fus aussi, pendant mon séjour au Caire, visiter l'ancienne Babylone d'Egypte ; on en voit encore de très-belles tours et des murailles en assez bon état. Ce n'est plus maintenant qu'un bourg où sont les chrétiens originaires du pays. Le patriarche des Cophtes y a sa maison. Auprès est un endroit qui, dit-on , servit d'asile à la sainte Famille. On voit, dans cette chapelle souterraine , saint Michel qui se bat avec le Diable ; ce dernier est vêtu à l'européenne.

On a beaucoup ri à l'armée de la proclamation du général en chef Bonaparte aux habitants du Caire , où il se fait passer pour prophète.

Le mois de nivôse entier fut employé à tout préparer pour l'expédition de Syrie. Nous ne sûmes que le 11 notre départ pour le 16 pluviôse (4 février 1799).

FIN DE LA PREMIÈRE PARTIE.

DEUXIÈME PARTIE.

DEUXIÈME PARTIE.

EXPÉDITION DE SYRIE.

1799 (an VII° de la République).

Le 16 pluviôse an VII (4 février 1799) au matin, notre division (commandée par le général Lannes) se rendit sur la place du vieux Caire où étaient déjà les équi-
pages et l'artillerie, et l'on défila jusqu'à Boulak dans le
plus grand ordre , et ayant la musique à la tête de la
colonne. Vers les midi, nous étions près du lac des Pélerins, et à six heures du soir, nous étions rendus à Elkouka. Le lendemain 17, nous arrivâmes assez à bonne

heure à Belbeïs (1), où nous restâmes jusqu'au 24 , attendant l'arrivée du général en chef, qui était encore au
Caire. Il arriva la nuit du 23 au 24. On parlait bien di-
versement au camp sous Belbeïs, et on en tirait bien des
conjectures. Des nouvelles, venues de France, annonçant une levée extraordinaire dans toute l'étendue de
la République, et où il était dit que notre gouvernement
avait déclaré la guerre à la *Sublime-Porte* , firent croire
à plusieurs personnes que nous marchions sur Constantinople, et allions renforcer l'armée de Passan-Oglou ;
mais les personnes de bon sens et de quelque peu de ju-
gement n'ont pas eu part dans ce mauvais raisonne-
ment. Il n'était guère plus difficile non plus de pénétrer
le but de cette expédition; on savait très-bien que nous
venions faire la guerre à Djezzar, pacha d'Acre, et gouverneur de Seïde ; aussi peu s'y sont-ils trompés. La plus
grande partie de l'armée croyait aussi qu'on filerait jusqu'à Damas : cette croyance ne se réalisa pas.

Le 24, au soir, nous entrâmes à Coraïm. Ce village,
enfoncé dans une forêt de dattiers et bâti de terre, est assez sauvage, quoique cependant assez tranquille. Le silence qui y règne fournirait à un philosophe habitant de
ces lieux ample matière à réflexion. Nous y vîmes quel-

_____

(1) La campagne y est fort belle et le pays assez fourni de vivres
de toute espèce, à douze heures du Caire.   (*Note de l'auteur.*)

ques familles d'Arabes; nous nous en approchâmes en les
saluant ; ils nous présentèrent une cruche d'eau et quelques dattes ; nous fûmes contents de leur réception, qui
était franche et sans apprêt. Leurs cabanes étaient assez
bien faites et avec des roseaux ; on y respirait une grande
fraîcheur. Quelques peaux d'animaux servent de couvert
à cet abri. Ils avaient, selon la coutume , des nattes de
jonc pour se coucher. Auprès de leur petite habitation,
on voyait des chèvres, des brebis , des poules, etc., tout
cela pêle-mêle, c'est-à-dire que ces animaux étaient, de
même qu'eux, sous cette cabane.

Le 25, nous arrivâmes à Salehieh assez à bonne heure.
Ce village ressemble à Coraïm, étant aussi au milieu d'un
bois. On n'y voit qu'une mosquée où l'armée française a
ses provisions de guerre et de bouche ; ce bâtiment est
renfermé dans une enceinte formée par de larges fossés,
sur les bords desquels on a enfoncé d'énormes pieux de
dattiers; de distance en distance, il y a des redoutes armées de pièces de canon. Dans le milieu de ce fort sont
les casernes de la garnison, qui sont artistement travail-
lées en branches de palmier. Ce camp est tiré au cordeau et distribué en plusieurs îles. Le général Regnier
y était depuis notre arrivée en Egypte, et lui et sa division l'ont rendu capable, par leurs travaux, de résister
aux incursions des Arabes.

Le 26 au matin, nous fîmes la première journée dans
le désert. Nous passâmes trois fois dans l'eau ; à la troi-

sième, nous avions l'eau jusqu'aux aisselles. Notre artillerie eut une peine inconcevable à se tirer de ce mauvais pas. Cette eau est saumâtre et provient de la crue
de Mauzalé, qui n'en est qu'à trois lieues. Nous campâmes à sept heures du soir, après avoir passé l'eau.

Nous partîmes à cinq heures du matin de l'endroit où
nous avions couché, et nous arrivâmes à huit heures et
demie du soir, harassés de fatigue et mourants de soif, à
Cathié. Nous apprîmes ce jour-là ce que c'était que le
désert. Plusieurs militaires périrent de faiblesse et faute
d'eau; l'on aurait volontiers donné un louis d'une bou-
teille d'eau. Combien nous désirions être rendus à Cathié, tant pour nous rafraîchir que pour nous reposer!
Nous y arrivâmes enfin, et la nuit se passa à se désalté-
rer; on préférait encore boire que de prendre du repos.
Cet endroit est un petit fort entouré de hauts et gros
pieux de dattiers. Il y a quatre redoutes armées de pièces de canon; ce fort, qui n'aurait pas ce nom en Europe,
est très-utile pour arrêter les courses des Arabes.

Le 27, nous eûmes séjour.

Le 28 et le 29, nous couchâmes encore au désert.
Nous souffrîmes aussi beaucoup pendant ces deux jours.

Le 30, vers les midi, nous arrivâmes à El-Arich, en
côtoyant la mer. Nous trouvâmes, avant d'arriver à cette
destination, des citernes d'excellente eau.

L'armée d'expédition était toute rassemblée à El-
Arich; elle présentait le total de quinze mille hommes,

divisés en quatre divisions, le quartier-général et le grand parc d'artillerie (qui était encore en arrière). Le général Regnier (1) était arrivé le premier ; il avait déjà battu les Mameloucks dans une surprise nocturne ; un bey fut tué dans sa tente, et le reste n'eut que le temps de se sauver, abandonnant une partie des bagages ; sans l'aboiement de quelques chiens, ils étaient tous égorgés, car ils dormaient avec la plus grande sécurité et sans postes avancés.

Le général Kléber était arrivé le deuxième ; il avait dans sa division la 75e et la 2e.

Le général Bon ensuite ; il avait la 18e et la 32e.

La division Lannes avait la 69e, la 13e et le 2e bataillon de la 22e.

Le général Murat, commandant la cavalerie, avait un escadron du 3e, du 14e, du 15e et du 20e dragons, quelques chasseurs du 22e et quelques hussards du 7e. Les guides à pied et à cheval suivaient le quartier-général et les régiments des dromadaires.

Comme nous arrivions, les ennemis envoyaient un parlementaire au général en chef. L'on ne fut pas d'accord sur les propositions, et les hostilités recommencèrent. La division Regnier avait déjà eu, d'après différentes affaires, quatre cents hommes hors de combat ; elle était là depuis six jours.

---

(1) Il avait dans sa division la 9e et la 85e. (*Note de l'auteur.*)

Le 1er ventôse, l'on fit jouer les pièces de seize sur le
fort, et vers les deux heures après midi, la brèche commença à être praticable ; le général Bonaparte envoya
alors un parlementaire pour sommer la place de se rendre. Ils vinrent encore trouver le général ; mais on ne
termina rien. Comme les pièces qui battaient en brèche
étaient sur une hauteur, bien souvent les canonniers poin-
taient trop haut, et le boulet allait tomber à la division
Regnier qui, justement, était campée vis-à-vis. Cela
l'incommoda beaucoup. Seize personnes furent tuées ou
blessées.

Enfin, le 2 ventôse, la place capitula, et l'ennemi fit
ses dispositions pour en sortir à cinq heures du soir ; ils
sortirent avec armes et bagages ; mais ils nous abandon-
nèrent les munitions de guerre et de bouche et les chevaux. On en trouva trois cents en fort bon état. Les
armes qu'ils emportaient avec eux étaient magnifiques ;
les fusils et les sabres étaient presque tous de la fabrique
de Damas. Ils sortirent 1,300 hommes. Ils avaient le
drapeau tricolore à leur tête pour sauf-conduit. Cinq
cents Maugrebins furent reçus comme troupe auxiliaire.
Nous entrâmes le 3, au matin, dans ce fort (pour le pays),
et, bien gardé, il peut tenir longtemps. Ce sont de hautes
tours, avec des créneaux, comme étaient les anciennes
forteresses. C'en est même une. Il y a à côté et au pied
des remparts de mauvaises cahutes qui servaient d'habitation aux paysans de cet endroit. Ils s'étaient retirés, il

y avait déjà quelque temps. On voyait partout des Turcs
morts, soit au bas des tours, soit dans le fort, soit dans
le village, ce qui fit juger que l'ennemi avait au moins
perdu autant de monde que nous.

Nous reçûmes du biscuit pour cinq jours. Nous at-
tendions avec grande impatience la prise de cette place,
car, depuis six jours, nous n'avions que trois onces de
biscuit et une once de riz ; nous mangions les chameaux
blessés ou malades, et les mulets et les chevaux hors de
service. Nous fîmes cet ordinaire jusqu'à Gaza.

Le 4 ventôse, nous nous mîmes encore en marche
pour le désert. Le 4 au soir, l'on me détacha de la division, et le général Lannes me donna ordre de mener
deux chameaux chargés d'eau à la division Bon, qui
était à cent pas derrière notre camp. Cette eau était des-
tinée pour l'artillerie de cette division, qui était encore fort
éloignée ; je fus obligé d'attendre qu'elle arrivât, et elle
ne vint que fort tard, c'est-à-dire le lendemain (1), sur
les neuf heures du matin. Après s'être rafraîchie elle
partit ; mais il fallait s'arrêter à tout moment ; les chemins étaient affreux, et les chevaux d'ailleurs cre-
vaient de soif, de faim et de fatigue. Sur les midi, en-
nuyé de la lenteur de la marche, je dis à mes deux
chameliers de me suivre, et j'allai en avant. Au bout

(1) C'était le 5.   (*Note de l'auteur.*)

d'une heure et demie, je m'aperçus que nous avions déjà fait du chemin, et que nous étions très-éloignés du convoi. Un secret pressentiment de quelque mauvais accident me suggéra l'idée de m'arrêter. Je le fis, et je m'en trouvai bien.

Un demi-quart d'heure après, j'entendis une fusillade assez vive qui ne partait pas de très-loin ; je me doutai à peu près de ce que ce pouvait être. Lorsque l'artillerie fut parvenue à l'endroit où j'étais arrêté, on continua la marche, et l'on ne tarda pas à voir ce qui avait occasionné cette fusillade. Nous vîmes dix hommes du 3e bataillon de la 32e, qui étaient de l'escorte, assassinés. Il y avait trois blessés, dont l'un avait la main coupée et un coup de lance dans la poitrine ; les deux autres étaient mutilés. Il y avait aussi sept Arabes tués. Cinquante de ces brigands étaient venus attaquer quinze malheureux qui marchaient comme moi en avant. Deux seulement en échappèrent. Ils firent tous une courageuse résistance. Je regardai comme une inspiration divine cette inquiétude secrète qui me fit demeurer là.

Le soir, nous arrivâmes près d'une espèce de lac où nous nous rafraîchîmes. Nous trouvâmes aussi de la paille hachée pour nos animaux. Il y a là un très-mauvais fort qui n'attendit pas l'arrivée des Français pour ouvrir ses portes. Nous arrivâmes assez difficilement à cette destination, car nous nous égarâmes plusieurs fois dans le désert. Pour moi, je n'étais pas sans mécontentement, n'ayant presque rien mangé depuis mon départ auquel je ne m'attendais pas, et, n'ayant fait aucune provision, je me trouvais fort embarrassé; enfin, le commandant du bataillon d'escorte m'offrit de la soupe au riz, une galette et un petit verre d'eau-de-vie ; j'acceptai son offre sans balancer. D'ailleurs, je leur avais apporté de l'eau, ils pouvaient bien me payer de retour et me donner à manger.

Je dormis après cela tranquillement , quoiqu'il tombât un peu de pluie, et je n'avais rien pour me couvrir que la selle de mon âne. Je regrettai alors la division comme un homme regrette sa patrie, notre tente comme la maison paternelle.

Le 6, à midi, nous partîmes de là. A six heures du soir, nous étions proche des colonnes (1) qui séparent l'Asie d'avec l'Afrique. J'aurais voulu quelque chose de plus grand et de plus beau pour les limites de deux parties du monde. A sept heures du soir, nous étions en Asie. Nous fûmes obligés de nous arrêter sur les huit heures, le temps étant très-noir et les chemins mauvais.

Aussitôt la lune levée, nous nous mîmes en chemin ; au bout de deux heures, nous quittâmes le désert, et

---

(1) Elles sont de granit noir, de dix-huit pieds de haut environ et sans chapiteau.   (*Note de l'auteur.*)

nous nous trouvâmes tout d'un coup dans une belle route et dans une campagne magnifique ; nous marchâmes toute la nuit, et le 7, au matin, nous étions devant Gaza. Toute l'armée y était rassemblée. Je rejoignis ma division avec une joie inexprimable.

Nous trouvâmes une grande différence de climat entre l'Egypte et la Syrie ; l'air en ce dernier pays y était alors. très-humide ; les nuages amoncelés nous annonçaient un orage qui ne tarda pas à éclater ; le tonnerre gronda ; l'eau tomba avec tant d'abondance, que les chevaux et les ânes que nous avions amenés d'Afrique périrent de froid. Ces animaux, qui avaient toujours habité sous un ciel pur et serein, ne purent tenir contre ces grandes pluies, ce qui gêna beaucoup l'armée pour le transport de ses bagages et vivres.

Nous campâmes sur· cette fameuse montagne d'Hébron , où Samson déposa les portes de Gaza. Cette ville, si célèbre dans l'Ecriture sainte, est aujourd'hui fort peu de chose. On ne voit aucun vestige de son ancienne splendeur : seulement quelques fragments de belles colonnes, des ruines où l'on ne peut rien reconnaître, des palais ruinés, etc. Elle est à deux lieues de la mer , où il y a un fort du même nom. Autrefois, ces deux villes n'en faisaient qu'une.

La campagne y est magnifique et très·variée ; les oliviers y sont beaux et en grande quantité ; on y voit des fruits de toute espèce. Il n'est pas surprenant que ce

pays ait été autrefois si florissant.—C'est l'ancienne Ga-
lilée (1).

Le 10, au matin, nous partîmes de Gaza, et après une
journée très-fatigante et sans avoir fait beaucoup de chemin, car les pluies avaient rendu les routes impratica-
bles , nous fûmes coucher à l'ancienne Azotta.

Il est impossible de se figurer la peine que les équi-
pages et l'artillerie de l'armée eurent dans la journée
du 11. Jamais chemins n'ont été si affreux; encore était-ce
des terres labourées. La moitié des chameaux périrent
en route ; ces animaux , qui sont accoutumés à marcher
dans les sables brûlants de l'Egypte, ne pouvaient se tenir sur ces terres grasses , et où ils enfonçaient jusqu'aux genoux. L'artillerie perdit beaucoup de mulets ,
de chevaux ; les roues enfonçaient jusqu'aux essieux.
J'eus aussi ma peine ce jour-là : nos chameaux tombaient à chaque pas et menaçaient de laisser nos effets dans la boue. A chaque instant , il les fallait faire
relever, puis décharger et les recharger, ce qui ne nous
donnait pas peu d'embarras; nous étions obligés de marcher, nos montures étant exténuées de fatigue , et nous-
mêmes nous avions une peine incroyable à nous soute-

---

(1) On fit un tort irréparable à cette belle campagne ; l'armée,
pour se dédommager de l'orage, coupait et ébranchait les oliviers.

(Note de l'auteur.)

nir dans ces mauvais pas. Je regrettais le désert où nous
avions souffert la soif. Là, c'était le contraire, et l'a-
bondance d'eau nous rendait encore plus malheureux
que quand nous n'en avions pas du tout. Nous arrivâmes
enfin à Rammeleh, à sept heures du soir ; nous étions
en marche depuis six heures du matin, et nous n'avions
fait que trois lieues. Pour dédommagement de cette
exécrable journée, il plut toute la nuit, et le lendemain
une grande partie du jour. Les oliviers, ainsi qu'à Gaza,
ne furent pas épargnés, et tout le camp n'était qu'une
plaine flamboyante. Le 12, nous eûmes séjour. Les Arabes, ayant profité des ténèbres et de l'orage, étaient venus la nuit dans notre camp, où ils enlevèrent des chevaux,
des chameaux, etc., et égorgèrent quelques postes avancés ; ils nous prirent, à nous autres, nos deux meilleurs
chameaux et mon âne, ce qui me rendit fort triste ! Il ne
nous restait plus que deux chameaux, dont un était totalement pourri, et par conséquent presque hors de
service.

Le 13, nous arrivâmes devant Jaffa. Nous eûmes, en
sortant de Rammeleh, une pluie froide qui nous trempa
jusqu'aux os. Nous perdîmes ce jour-là notre chameau
malade et fûmes obligés d'abandonner quelques effets.
La division Kléber était déjà devant la ville, depuis le
12, et avait reconnu les lieux. Le 14, l'ennemi tira assez
vivement ; le 15, peu de chose. Le 16, il fit une sortie,
mais avec si peu d'avantage et de précaution, qu'il fut

obligé de rentrer précipitamment et avec perte ; on se
battit jusqu'à nuit close, le canon gronda, et la fusillade
s'engagea très-vivement. La division Lannes était de
tranchée ce jour-là. Le général, s'apercevant sur les trois
heures après midi que la brèche était praticable, envoya,
pour la deuxième fois, sommer le gouverneur de se rendre, lui observant que c'était l'usage parmi les nations
policées de ne point attendre que la brèche soit faite pour
capituler, etc. Ce dernier persista dans son opiniâtreté, et
crut qu'entouré de faibles murs et de soldats peu aguerris, il pouvait encore tenir longtemps et nous rebuter
par un long siége. Le général en chef se détermina alors
à abandonner la ville à l'assaut.

Sur les cinq heures , l'on s'y disposa ; la 22ᵉ et la
69ᵉ demi-brigade y entrèrent d'abord ; ensuite, la 13ᵉ.
L'ennemi cependant faisait une canonnade très-bien suivie, et la fusillade était aussi très-vive. Sur les six heures, plusieurs tours dans l'intérieur de la ville tenaient
encore ; mais l'ennemi, épouvanté par l'intrépidité et la
fureur de nos soldats, ne put tenir longtemps ; ce fut alors
qu'ils voulurent se rendre. Mais il n'était plus temps ;
le pardon n'était plus de saison. Ils furent tous massacrés.
La bombe avait mis le feu à plusieurs maisons qui furent
brûlées (1).

_____

(1) Des familles françaises, très-respectables, qui étaient éta-
blies depuis longtemps, ne furent pas même respectées ; elles fu-

Les malheureux habitants furent compris dans ce dé-
sastre ; leurs biens furent pillés , leurs femmes violées,
et trois mille d'entre eux périrent dans cette nuit sanglante ; le soldat, ivre de rage et de ses succès, ne savait
pas distinguer les chrétiens d'avec les Maugrebins et les
Mulsulmans ; enfin, cette charmante petite ville fut livrée
à tout ce que la guerre a de plus horrible ; il faudrait
des couleurs bien noires pour peindre les scènes affreu-
ses qui s'y sont passées. Qu'on se figure d'abord des
hommes précipités en bas des tours hors des remparts ,
d'autres écrasés sous les décombres, des brèches de tous
côtés où le vainqueur, avide de butin, se pressait pour
entrer. Ensuite, qu'on entre dans cette ville. Quel spectacle !... Des monceaux de morts dans des rues étroites ;
l'agonisant étendu sur le mort ; le frère y reconnaît son
frère ; le père, son fils ; la femme, son mari, etc. Dans
des maisons , des familles entières immolées ; dans
d'autres, on n'a laissé que ce qui s'est caché, ou que des
femmes que leur beauté et leurs cris ont sauvées. Dans
d'autres, on a tout pillé, cassé, et réduit les propriétaires
à la mendicité. Sur les remparts, l'on voit les canonniers

rent pillées, ainsi qu'un consul, qui y était depuis quinze ans.
Etrange désordre ! des Français ne pas avoir égard à des Français, surtout dans un pays étranger et barbare; encore ces malheureux avaient été incarcérés par les Turcs, et étaient près d'être mis
à mort.   (*Note de l'auteur.*)

hachés sur leurs pièces ; d'autres étendus et tenant encore
en main les armes qui leur servirent jusqu'au dernier
moment. Qu'on consulte leur figure, on verra qu'ils ont
emporté jusqu'au tombeau la fureur qui les animait ;
leurs veines sont gonflées, leurs yeux fixes et ayant encore l'air de menacer ceux qui leur passent sur le corps.
Partout l'on n'entend que des hurlements épouvantables;
des femmes qui se frappent la poitrine , et d'autres qui
retirent un parent ou un ami de dessous un tas de
morts pour l'ensevelir à la hâte ; d'autres , lorsqu'elles
voient des Français, se sauvent à toutes jambes. En général, toutes les figures sont mornes et inspirent plus
d'effroi que la mort même. La démarche des habitants
est chancelante et incertaine ; la voix du vainqueur les
fait trembler; leurs regards sont suppliants ; la parole
expire sur leurs lèvres. Ils n'osent, eux-mêmes, se re-
garder ni se parler. Qu'on s'éloigne de ce lieu d'horreur, on entend des cris confus et lointains, semblables
au bruit de la mer agitée, ou des flots qu'on entend de
loin battre contre les rochers. Qu'on ajoute à cela plusieurs maisons où le feu fait ses ravages , et l'on n'aura
encore qu'une faible image de ce que nous avons vu.

Le général en chef avoue lui-même, dans une lettre
au Directoire de France, au sujet de cette affaire, *qu'il
n'a jamais vu la guerre aussi horrible.* Je crois effectivement qu'ayant pris naissance en Asie et en Afrique, elle
est beaucoup plus affreuse et plus meurtrière qu'en Eu-

rope, où elle s'est pour ainsi dire policée. D'ailleurs, les Orientaux raffinent dans la cruauté, et je ne sais si ces longues barbes et cet air farouche qu'ils conservent même après leur mort ne contribuent pas à ajouter encore à la consternation et à l'effroi qu'inspire un champ jonché de morts. Les cris des femmes sont aussi plus effrayants et plus lugubres qu'en nos pays.

Cette ville était assez bien munie de vivres et de canons ; il y en avait environ une centaine, tous montés sur des affûts très-légers et très-bien faits ; ils venaient de Constantinople, ainsi que la garnison et la poudre. Ses faibles murs furent cause que nous l'eûmes sitôt. Nous perdîmes environ cent hommes et eûmes autant de blessés.

Pendant trois jours, on fusilla ceux qui avaient été pris les armes à la main ; ils étaient au nombre de mille cinq cents. Comme on les exécutait sur le bord de la mer, quelques-uns se sauvèrent à la nage. J'étais étonné de la tranquillité avec laquelle ces gens allaient à la mort ; ils avaient encore l'air fier, et fumaient leur pipe avec une sécurité incroyable.

Jaffa est l'ancienne Joppé, si connue dans l'Ecriture sainte ; elle est très-déchue de son ancienne splendeur, quoique cependant encore très-commerçante en savon d'excellente qualité, coton très-estimé, huile d'olive, etc. Elle serait plus fréquentée si son port était d'un accès plus facile. Sa bâtisse est assez jolie, surtout celle, qui donne sur la mer ; presque toutes les maisons (et c'est général en Syrie), sont bâties en pierres de taille. Elle est située sur une petite hauteur, et environnée d'une campagne délicieuse et très-variée. Il y a des maisons de plaisance assez riantes ; les routes qui y conduisent sont ombragées de sycomores , de figuiers, de citronniers, de grenadiers, d'amandiers. Il y a des pêchers, des abricotiers, des pommiers en grande quantité ; il y a aussi beaucoup de vignes ; mais l'armée a considérablement endommagé cette belle campagne.

Les habitants sont la plupart chrétiens; mais les Turcs, quoiqu'en petit nombre, y ont toute l'autorité ; il y a aussi quelques familles grecques. On voit dans cette ville un couvent assez joli , desservi par six pères capucins, dont trois Italiens et trois Espagnols. Ces bons religieux nous firent beaucoup d'amitiés, et nous appelaient leurs sauveurs. Ils furent à peu près les seuls qui ne furent pas pillés.

Les 18, 19, 20 (1), 21, 22 et 23, l'armée se reposa et se procura des vivres des magasins qu'on avait trouvés ; nous eûmes du riz et de la fort mauvaise galette.

La peste se déclara, que nous n'étions pas encore par-

---

(1) J'achetai un cheval à un volontaire, que j'eus à fort bon marché et qui était plus que passable pour le prix , et qui, d'ailleurs, me servit bien pour faire ma route. (*Note de l'auteur.*)

tis. Il faut croire qu'elle était dans quelques maisons lorsque nous prîmes la ville. Nous avions environ cinquante pestiférés; à l'hôpital, il en mourait tous les jours; ils n'étaient pas plus de quatre jours malades. Un chirurgien de mes amis, qui en traitait et qui en est mort lui-même quelque temps après, m'en fit voir plusieurs qu'on avait jetés à la mer et que les flots avaient ramenés sur la plage; ils avaient le corps tout bleu et nuancé de jaune; leurs cadavres infectaient l'air.

Le 24, on se mit en marche et on fut coucher à un misérable hameau habité par des Arabes.

Le 25, nous eûmes une bataille dans les montagnes de Naplouse, qui fut assez sanglante; ce fut la division Lannes seule qui s'y trouva. Les Naplousains étaient au nombre de dix mille hommes contre quinze cents Français. Nous perdîmes soixante hommes. Nous fîmes une retraite si précipitée dans cette malheureuse affaire, que nous laissâmes plusieurs blessés sur le champ de bataille, entre autres le citoyen Barthélemy, chef de brigade (la 69e). Ce brave homme fut vivement regretté.

Nous eûmes de la pluie toute la nuit de cette triste journée, et nos blessés en souffrirent beaucoup.

Le 26, au matin, pluie; le 27, beau temps; le 28, idem. Le soir, à la couchée, nous entendîmes les bordées de canon des vaisseaux anglais; nous n'étions qu'à quatre lieues de Saint-Jean-d'Acre. Le 29, au matin, nous campâmes à deux lieues d'Acre. Le quartier-général, la di-

vision Kléber et la division Bon étaient arrivés sous la
ville la veille. L'on ne peut rien voir de plus beau, de plus
varié et de plus fertile que le charmant pays qui se trouve
entre Jaffa et Acre. Ici, ce sont des collines couronnées
de forêts ; là, des vallons garnis de verdure et où ser-
pentent mille ruisseaux; là, quelques bourgs et hameaux;
sur le penchant des montagnes, de gras pâturages et des
bestiaux en quantité. On y voit quelque peu de blé et autres semailles. Dans les endroits qui ne sont pas cultivés
(les deux tiers de ce pays ne le sont pas), les herbes sont
extrêmement hautes et touffues , ce qui prouve la bonté
de cette terre grasse, qui ne demande qu'à produire. On
ne conçoit pas comment les Turcs la délaissent ainsi et
en négligent la culture ; ils la condamnent à un état de
barbarie qui annonce celle de leur gouvernement et son
peu de lumières. Ils ont rendu tout à fait méconnaissa-
bles ces contrées, jadis si heureuses et si florissantes , et
ont réduit presque à rien cette population si extraordinaire et qui a failli passer pour une fable à la postérité.
Peut-être craindraient-ils que ce pays ne se repeuplât de
nouveau ; que ces malheureux Syriens, rappelant le souvenir de leur ancienne puissance, ne secouassent le joug
du Croissant, et qu'une nouvelle Jérusalem ne s'élevât plus
fière et plus belliqueuse que la première pour anéantir le
féroce Musulman, et substituer à son absurde Alcoran les
préceptes de l'Evangile, et établir enfin la religion chré-
tienne sur les ruines de la mahométane.

La majeure partie de ce pays est habitée par les Arabes errants , qui maltraitent les malheureux habitants chrétiens épars et en petit nombre ; ces brigands pillent et assassinent le voyageur, et jouissent impunément des récoltes de ces plaines fertiles.

Le 29, l'ennemi fit une sortie où l'on perdit du monde de part et d'autre ; mais sa perte fut plus considérable que la nôtre. Le 30 , nous arrivâmes où était campé le quartier–général ; la division Regnier y arrivait en même temps que nous. Toute l'armée était rangée sur une même file, se touchant , et à mille toises de la ville, sur une hauteur d'où l'on voyait très-bien les actions des assiégés et des nôtres.

Le 1er germinal (21 mars 1799), l'ennemi envoya quelques bombes et tira le canon sur nos travailleurs ; mais cela ne les empêcha pas de continuer la tranchée avec activité. Le 2, la ville tira à son ordinaire, et nous continuâmes nos travaux.

La nuit du 3 , les Anglais tirèrent sur Caïffa (occupé par les Français depuis le 27, à trois lieues d'Acre), et le matin, ils tentèrent un débarquement pour s'emparer de quelques barques et caravelles qui se trouvaient dans le port ; mais on s'empara de leur chaloupe , armée cependant de canons; on leur tua beaucoup de monde, et on leur emmena vingt prisonniers. Le 4 et le 5 , rien de remarquable. Le 6 et le 7, la canonnade ordinaire.

PREMIER ASSAUT.

Le 8, la tranchée était achevée, les batteries placées, et tout disposé pour battre en brèche. On commença dès la pointe du jour, jusqu'à quatre heures du soir, où l'on voulut tenter l'assaut ; mais la brèche n'était pas praticable, et nous perdions du monde inutilement ; alors, on se retira. A dix heures et demie du soir, j'eus ordre de partir pour Caïffa, avec un convoi de soixante-quinze chameaux. Le temps était affreux, la pluie tombait en abondance, et la nuit était des plus noires. Cette obscurité silencieuse n'était interrompue que par le bruit et la lueur des canons, car l'ennemi tirait toujours. Vers les onze heures, nous étions vis-à-vis les vaisseaux anglais, qui tiraient quelquefois, et qui, s'ils nous eussent vus ou eussent voulu, nous auraient bien mitraillés, car ils n'étaient pas à une demi-portée de canon du rivage. A une heure et demie du matin, nous arrivâmes à un endroit où il fallait passer dans la mer pour arriver à Caïffa. Il y a là un torrent qui, fuyant le Mont-Carmel, vient se jeter, auprès de ce passage, dans la mer ; il est rapide et très-profond, et malheur à ceux qui s'y engagent. Nous faillîmes faire cette sottise. L'officier d'escorte, apercevant cette eau tranquille, crut qu'il était plus sûr de passer là que dans la mer, qui était extrêmement agitée. Enfin, n'apercevant que du danger, et les chameaux d'ailleurs faisant beaucoup de difficulté pour

13

entrer dans l'eau , je proposai à l'escorte d'attendre le
jour. Cela fut arrêté ainsi, et nous nous couchâmes encore assez tranquillement sur le bord de la mer, et y
dormîmes malgré la pluie.

Le lendemain, au point du jour, nous passâmes de
l'autre côté, mais non pas sans peine, car la mer était
encore agitée. Nous avions de l'eau jusqu'au poitrail de
nos chevaux. Nos chameaux eurent une peine indicible
à s'en tirer. Nous en laissâmes deux que nous ne pûmes
retirer de ce pas, vu leur épuisement et leur mauvais
état physique.

Le 9, nous arrivâmes à Caïffa, à cinq heures du matin, et y chargeâmes du blé. J'eus le temps d'examiner
ce bourg qui est ceint d'une assez bonne muraille, et qui
est assez joli ; les maisons y sont propres et bâties
en pierres de taille. Le peuple, qui y est assez beau, et
surtout les femmes, me parurent être très-fort attachés
aux Français; d'ailleurs, ces malheureux, qui sont presque tous chrétiens (les Turcs avaient déserté le pays à
notre arrivée), ont beaucoup souffert des vexations et des
cruautés de Djezzar. Ils désiraient la punition de ses cri-
mes et nous regardaient comme envoyés de Dieu pour le
frapper de mort. Ils nous demandaient avec empresse-
ment des nouvelles du siége, etc., car ils avaient vu la
veille et entendu la canonnade et la fusillade. Ce bourg
est un petit port de mer de bien peu de chose ; il est di-
rectement vis-à-vis Saint-Jean-d'Acre. On y voit aussi

un couvent de religieux. Notre chargement effectué,
nous partîmes et arrivâmes sans encombre au camp d'A-
cre. L'ennemi travaillait à réparer la brèche, et nous à
faire une mine pour faire sauter la contre-escarpe, et
aplanir le fossé qui était derrière cette tour où nous
avions battu.

Le 10, on amena un espion ennemi au général en
chef ; il donna pour nouvelle certaine que Djezzar avait
fait égorger, le jour du 8, les chrétiens et Européens,
femmes et enfants, qui se trouvaient dans Acre; ceci fut
certifié, d'ailleurs, par la quantité de corps morts qu'on
aperçut sur le bord de la mer et qui avaient les pieds et
les mains liés.

Le camp devant Acre était, de jour en jour, plus fréquenté par les Druses. Les vivres qu'ils nous apportaient
commençaient à baisser de prix ; l'eau-de-vie et le vin ne
craignaient déjà plus de se montrer; enfin, les marchandes
de lait et de fromage venaient augmenter la foule de curieux, et quelquefois même l'embellir. Le camp semblait
une foire : l'on y vendait des armes, les dépouilles des morts,
des chevaux, des ânes, etc...Les Druses, dès qu'ils appri-
rent l'arrivée des Français sous Acre, s'empressèrent de
venir féliciter le général en chef ; ils lui offrirent d'abord
des vivres pour l'armée à crédit ; ils lui offrirent aussi
des troupes pour monter à l'assaut. Quelques réfugiés de
Damas vinrent faire la même offre. Ces braves gens ont
un air franc et loyal; ils ont la mine d'être bons soldats.

et en ont donné en plusieurs temps des preuves ; ils sont presque tous chrétiens (1), et par conséquent l'objet de la haine et des fureurs de Djezzar-Pacha. Plusieurs de ces malheureux portaient des marques de sa barbarie; son grand plaisir était de les mutiler et de leur laisser une vie infirme, mille fois plus cruelle que la mort ; les uns avaient les mains coupées , d'autres le nez et les oreilles, et d'autres les yeux crevés ; ils nous racontaient souvent l'histoire de l'infortuné Daher , leur prince , et comment le tyran actuel les écrasait d'impôts , les pillait, les chargeait de fers, et les faisait mourir quand ils ne pouvaient satisfaire son insatiable avarice. On conçoit aisément s'ils désiraient la prise d'Acre , qui servait de refuge et de rempart au crime , et s'ils bénissaient le soldat français et leur chef qui venaient pour briser leurs chaînes et leur donner le frère de Daher pour gouverneur, ce qui s'accordait très-bien avec leurs vœux. Toutes les fois qu'on donnait un assaut, ils se rangeaient en ligne sur la hauteur devant le camp, ayant les yeux fixés sur la ville et l'esprit partagé entre la crainte de notre désavantage et l'espérance de notre succès. Ils encourageaient le soldat et des yeux et du geste, et par les démonstrations les plus vives d'amitié. Dans plusieurs assauts, ils furent porter de l'eau-de-vie à la

---

(1) D'un christianisme très-défiguré.   (*Note de l'auteur.*)

tranchée pour animer le soldat ; ils se prêtaient au transport des blessés, malgré la canonnade et la fusillade qui, en ces occasions, étaient toujours très-vives.

Notre nourriture au blocus était bonne et mauvaise, c'est-à-dire que nous avions de très-mauvais pain de munition pour six hommes ; il était moitié de dourras, moitié de blé ; pour la viande, nous en avions une livre et de très-bonne ; les bœufs et les moutons en ce pays sont d'une excellente chair et en grande quantité ; les premiers sont petits, mais extrêmement gras et charnus. C'était bien là le cas de dire que nous avions plus de beurre que de pain. Le 11, on continua les travaux de la mine et on répara les batteries. Le 12, l'ennemi incommoda beaucoup nos travailleurs et fit mine de vouloir sortir, ce qui n'eut pas lieu.

DEUXIÈME ASSAUT.

Le 13, au matin, nous commençâmes à battre en brèche à l'endroit où l'on avait battu la première fois. A onze heures, la mine sauta, et ayant pleinement réussi, on crut devoir tenter l'assaut, la brèche, d'ailleurs, étant plus grande que la première fois ; mais ceux qui s'y présentèrent les premiers rencontrèrent un nouvel obstacle. Il existait un autre mur derrière cette tour qu'on avait percée, de sorte qu'on jugea impossible d'y monter si l'on ne minait la tour pour battre ensuite sur le mur. On se retira donc avec perte de cinquante hommes. Le

14, on commença une mine pour faire sauter la tour, et
on construisit de nouvelles batteries pour tenter un troisième assaut. Le 15 , les assiégés firent une sortie ; ils
furent repoussés , mais nous perdîmes du monde. Le 16
et le 17, on continua les travaux et la mine.Le 18, dans
la nuit, nous eûmes une alerte occasionnée par le mouvement de l'ennemi ; à la pointe du jour , il fit une sortie conjointement avec l'Anglais, pour détruire nos ouvrages; ils furent vigoureusement repoussés et avec une
perte considérable. Les 19, 20, 21, 22 et 23 , il n'y eut
rien de part et d'autre que la canonnade ordinaire ; on
continua avec la plus grande activité (1).

Les 24, 25, 26 et 27, on ne tira presque pas de part et
d'autre ; il nous arriva , pendant ces quatre jours, des
pièces de canon, de la poudre et des bombes , venant de
Jaffa. Les personnes qui en venaient nous dirent que la
peste y faisait de grands ravages, ainsi qu'à Gaza. Il nous
mourait tous les jours beaucoup de monde dans ces deux
places. La peste et le bubon d'Alep commençaient déjà
à se faire sentir assez vivement dans notre camp , ce qui
affligeait beaucoup l'armée. Nous sûmes aussi que la

---

(1) Ce fut dans ces journées que nous gagnâmes une fameuse
bataille contre les Mameloucks et les Maugrebins, dans la plaine
d'Absalon et proche de Nazareth. L'ennemi était au nombre de
vingt-deux mille hommes, contre quatre mille Français.

(Note de l'auteur.)

ville d'Acre était atteinte de ces maladies ; l'on trouva ,
d'ailleurs, beaucoup de corps morts pestiférés sur le rivage. Le 28, au matin, les assiégés commencèrent à tirer
beaucoup, et firent ensuite une sortie ; ils soutinrent une
longue fusillade dans leurs boyaux, et l'on eut une peine
infinie à les obliger à rentrer. Le 29 (1) et le 30, rien de
part et d'autre. Le 1er, le 2, le 3 (2) et le 4 floréal, la
canonnade fut assez suivie de la part de l'ennemi.

L'activité et le mouvement étaient incroyables, ces
quatre derniers jours, dans le camp. Le général en chef
était d'une impatience extrême, et les maréchaux , me-
nuisiers, charrons, artificiers, etc., tout travaillait. L'on
construisait des machines de guerre; l'on faisait des balles de plomb, des cartouches de tout calibre ; l'on rac-
commodait les pièces et les affûts que le boulet de l'ennemi avait endommagés ; l'on transportait les fascines à
la tranchée ; les volontaires apportaient les boulets de
l'ennemi, qu'ils allaient ramasser, et ils leur étaient bien
payés. L'on donnait douze paras d'un boulet de quatre
et de huit ; seize, d'un boulet de douze, et trente, d'un
boulet de dix-huit et de vingt-quatre. On donnait quarante-deux paras pour une bombe chargée.

(1) On me vola mon cheval dans la nuit du 29.

(*Note de l'auteur.*)

(2) Je suis parti avec trente-sept chameaux pour les moulins de
Kerdanné. (*Idem.*)

A voir cet arsenal et ce travail dirigé et animé par la vengeance et l'espérance d'un succès presque certain ; à voir cette prodigieuse quantité de munitions, c'est-à-dire en boulets, car, pour de la poudre, il n'y en avait pas en proportion, et ces pièces de canon et ces mortiers, chacun ne pouvait s'empêcher de dire : « Voilà de quoi faire entendre raison à Djezzar ; voilà de quoi réduire les remparts et la ville d'Acre en poussière. » Enfin, le courage du soldat, qui avait été un peu abattu par ces pertes journalières, sans rien avancer et par la longueur de cette mine, sentait renaître sa fureur guerrière, en voyant tous ces préparatifs. Chacun croyait que ce troisième assaut nous livrerait la ville.

TROISIÈME ASSAUT.

Le 5, la mine étant prête et les ouvrages finis, on commença la canonnade à la pointe du jour. Les Anglais firent un feu terrible de leurs vaisseaux ; la ville répondait à notre feu par un plus violent encore ; cependant, elle ne put empêcher que quelques-unes de ses pièces de rempart ne fussent démontées. A dix heures, la mine sauta et manqua, ce qui ranima beaucoup les assiégés et nous découragea d'autant, car on n'attendait guère la prise de la ville que de la chute de la tour ; sans quoi, il fallait battre en brèche, et la poudre commençait à nous manquer. L'on tenta cependant l'assaut, mais nous fûmes repoussés et avec perte ; la brèche n'était pas assez praticable,

et les ennemis, d'ailleurs, occupant le haut de la tour, y
faisaient une fusillade très-vive, et jetaient des grenades, du goudron et de l'huile bouillante. On ne peut con-
cevoir l'abattement de chacun et les tristes réflexions
que l'on faisait, voyant que nous avions encore échoué
cette fois. Cette mauvaise réussite ne contribua pas peu
à dégoûter le soldat, à lui faire voir que le siége avait
été mal combiné et mal dirigé dès le principe, ce qui
lui fit douter de l'expérience de ses chefs. Joint à ce
revers, la poudre nous manqua totalement, et fort
heureusement que, dans la nuit, il nous arriva un convoi
de Jaffa.

QUATRIÈME ASSAUT.

Le 6, on battit encore en brèche toute la journée.
Le feu des Anglais fut plus terrible que la veille, mais
sans nous incommoder beaucoup. Vers les quatre heures
du soir, on tenta un nouvel assaut, mais sans succès. Le
feu était si grand de part et d'autre, que la ville pa-
raissait entièrement livrée aux flammes, et l'horizon
tout rouge et couvert de fumée. Nous perdîmes beaucoup de monde dans cette malheureuse affaire, et il y périt des officiers de grande distinction. Le 7, il partit des
chevaux d'artillerie pour aller chercher de grosses pièces à Tantoura, que trois de nos frégates parties d'A-
lexandrie y avaient débarquées. On continua toujours de
battre en brèche. Le 8 et le 9, idem. Il arriva dans la
nuit du 9 quatre pièces de dix-huit. Le 10 et le 11, on

14

travailla à faire de nouvelles batteries pour placer les
pièces de dix-huit et celles de vingt-quatre qu'on attendait. On abandonna enfin, mais trop tard, le plan d'entrer par la tour, et l'on se disposa à battre un mur à côté
qui n'était pas si épais et si fort.

Dans la nuit du 11 au 12, il arriva trois pièces de
vingt-quatre. Les 13, 14, 15, 16 et 17, rien de nouveau
que la canonnade ordinaire et la continuité des travaux.
Le 18, au soir (7 mai 1799), un peu avant le coucher du
soleil, on aperçut dix-huit voiles en mer. L'on ne savait
ce que ce pouvait être ; cependant, on présumait bien
que c'était un renfort pour l'ennemi. En effet, le général
en chef, ayant pris sa longue-vue, s'aperçut que c'était
un renfort d'hommes et de munitions de guerre. On pouvait aisément lire sur sa figure l'embarras où il était dans
une circonstance aussi critique, les ouvrages n'étant
pas terminés, n'ayant rien de prêt pour donner l'assaut,
et manquant de poudre.

Cependant, on se disposa à attaquer l'ennemi. Le général en chef représenta à l'armée sa position, l'encou-
gea, et lui fit voir qu'il fallait absolument livrer assaut, afin d'intimider l'ennemi, et ne pas lui laisser le
temps de se reconnaître et de se réjouir de ce secours.
Au moment où la ville se livrait à la joie, et où une
musique bruyante en exprimait les transports, nos gens
se jetèrent à corps perdu dans les boyaux des assiégés
et y massacrèrent quatre cents hommes. Ceci se fit en un

clin-d'œil, et l'on n'entendit qu'un seul cri. Cet avantage que nous venions d'avoir déconcerta l'ennemi , et cette musique bachique cessa tout d'un coup. Cela avait absolument l'air d'un coup de théâtre.

CINQUIÈME ASSAUT.

L'on battait toujours en brèche pendant ce temps , et l'on amusait l'ennemi d'un autre côté par une fusillade très-bien nourrie. Il y répondait par une de même force et jetait de nombreuses grenades, ce qui incommodait beaucoup notre monde. Enfin, sur les onze heures du soir, on saisit le moment où les assiégés n'étaient guère attentifs à la tour, et on l'escalada. On y alluma des torches pour signe de ralliement, afin que le camp eût connaissance de cette victoire ; chacun crut voir la ville en notre pouvoir : cela effectivement en avançait la prise ; mais il fallait la garder, et l'ennemi faisait dessus une canonnade et une fusillade terribles. L'on fit passer des mineurs dans cette tour, afin de la disposer pour y mettre des pièces et répondre à l'ennemi. Toute la nuit se passa ainsi, c'est-à-dire à nous battre pour garder cette prise importante, et l'ennemi pour nous en chasser.

SIXIÈME ASSAUT.

Sur les trois heures et demie du matin, la canonnade et la mousqueterie redoublèrent, et l'ennemi parvint enfin à nous faire évacuer la tour , ce qui nous fit perdre beaucoup de monde. Enfin , l'on se battit encore toute

la journée du 19, pour tâcher de la reprendre, mais
bien inutilement ; l'ennemi s'y était trop fortifié.

SEPTIÈME ASSAUT.

Le soir, sur les cinq heures, on avertit le général en
chef que la brèche était très-grande et très-praticable.
(C'étaient nos pièces de vingt-quatre qui l'avaient faite, ou
plutôt qui les avaient faites, car il y en avait six.) En conséquence, il fit partir toutes les divisions pour la tranchée,
et il ne resta que très-peu de monde au camp. L'on entra dans la ville sans beaucoup de résistance de la part
de l'ennemi, et nos gens y étaient au nombre de trois
cents hommes. Cette nouvelle fut bientôt divulguée , et
chacun se livra au délire de la joie. Mais cette allé-
gresse commune fut de bien courte durée, et le deuil lui
succéda. Les trois cents Français qui étaient entrés dans
la ville y avaient apporté la consternation et l'effroi ;
tout fuyait devant eux ; les habitants et la garnison se
portaient en foule vers le port pour se jeter dans les barques et chercher ainsi leur salut dans la fuite ; cependant,
nos gens ne recevaient aucun secours, et leurs camarades n'osèrent pas venir les seconder ni achever ce qu'ils
avaient si glorieusement commencé. Ainsi, on laissa aller les plus hardis. L'ennemi, s'apercevant alors que le
vainqueur ne recevait aucun renfort, se rallia et vit qu'il
était facile de se défaire de cette poignée d'hommes. La
fusillade s'engagea fortement, et nos gens, accablés par

le nombre et voyant la lâcheté de leurs camarades qui les abandonnaient, se retirèrent, au nombre de cent cinquante, dans un café, et s'y barricadèrent jusqu'au lendemain matin, où l'Anglais leur envoya demander s'ils voulaient se rendre : « Oui, répondirent-ils, si c'est à vous ; mais si c'est aux Turcs, nous aimons mieux la mort. » L'Anglais les assura qu'ils n'auraient affaire qu'à lui, et ils sortirent d'où ils étaient. Cependant, les Turcs s'en servirent et les firent travailler à reboucher leurs brèches et à pratiquer un boyau au pied des remparts. L'on attribua cette malheureuse affaire à la mauvaise conduite de la 69e, qui était auprès de la brèche, et qui, en refusant d'avancer, découragea ainsi les autres demi-brigades. Le général en avait déjà été mécontent plusieurs fois, et principalement la veille. Nous perdîmes dans cette nuit désastreuse tous nos meilleurs soldats et officiers ; plusieurs généraux y furent grièvement blessés, et le général Raimbeaud y perdit la vie ; le général Lannes y fut blessé, ainsi que le général Robin. Le général Veau avait été blessé dans l'affaire du 6. Ainsi, il n'y avait plus de généraux à notre division en état de commander.

Ce fut alors qu'on commença à désespérer tout à fait de prendre la ville, les soldats, d'ailleurs, étant totalement rebutés, et doutant de leur courage les uns les autres.

FIN DE LA SECONDE PARTIE.

TROISIÈME PARTIE.

TROISIÈME PARTIE.

—◦◦◦—

SÉJOUR EN ÉGYPTE. – ÉVACUATION DE CE PAYS.

————

Le récit suivi des événements et le journal d'Alexandre Lacorre s'arrêtent au septième assaut de Saint-Jean-d'Acre. La dernière feuille de son carnet a-t-elle été le terme de ses mémoires ?
Il est permis de conserver des doutes à cet égard. D'abord, le
titre *Premier Journal* , placé sur le revers de la couverture du
carnet, peut être regardé comme un numéro d'ordre ; et indiquer
ainsi qu'il existait un second recueil. Il est à remarquer , en ou-
tre , que les notes trouvées dans la poche du portefeuille pré-

15

sentent des lacunes considérables, et passent sous silence les événements les plus graves. Alexandre Lacorre, il est vrai, se préoc-
cupait surtout de ce qui se passait sous ses yeux ; mais cela ne
l'empêchait point de noter les nouvelles qui lui parvenaient sur
les mouvements de l'armée, et de conserver la mémoire des faits
les plus importants de l'expédition. Une lacune de plus de sept
mois, du 7 mai au 12 décembre 1799, existe entre la dernière
feuille du carnet et la première note détachée. Pendant ces sept
mois, la portion de l'armée à laquelle se trouvait attaché Alexandre
Lacorre leva le siége de Saint-Jean-d'Acre, et fit sa retraite en
Egypte. Cette retraite a dû avoir pour résultat de mêler notre
auteur à des événements non moins émouvants que ceux de l'inva-
sion de la Syrie ; il est donc presque incroyable qu'il n'en dise
rien, et que ses notes n'en renferment aucun souvenir.

Revenu à Rosette, après la rentrée de l'armée en Egypte, il a
dû recueillir des renseignements sur la bataille d'Aboukir, gagnée,
le 25 juillet 1799, par le général Bonaparte, et cela non loin de
Rosette, comme il en avait recueilli sur la bataille navale perdue
dans la rade du même nom par l'amiral Brueys. Le départ du général en chef pour la France, qui produisit une si vive sensation
dans l'armée, a dû, sans doute, être l'objet des commentaires de
notre commis aux vivres, dont l'esprit était inquisitif et quelque
peu frondeur. Cependant, il n'existe pas un mot sur ces faits si
considérables.

Ce sont là des lacunes assez étranges, et ce qui peut corro-
borer la pensée qu'il y a eu un second journal, faisant suite au
premier, c'est que, dans les notes que nous allons publier elles-
mêmes, il y a des omissions non moins sérieuses. Tandis qu'A-
lexandre Lacorre conserve le souvenir de faits sans valeur, comme
la chute d'une maison ou l'échouage d'un brick turc, il passe sous
silence la bataille d'Héliopolis et la mort de Kléber. On est en
droit de penser, dès-lors, qu'une partie des notes qui nous sont

parvenues avaient été mises de côté, comme n'offrant pas une importance suffisante pour être intercalées dans le récit.

Telles qu'elles sont cependant , ces notes ne sont point totalement dénuées d'intérêt ; elles contiennent sur les négociations entre le général Kléber et sir Sidney Smith, sur les habitudes prises par notre armée, sur l'évacuation de l'Egypte , des renseignements intéressants.

La première indication que je rencontre est, par ordre de date, une note relative à l'auteur du journal ; elle se trouve au dos d'un fragment qui porte les dates des 29 et 30 brumaire an IX (20 et 21 novembre 18 0). Le morceau de papier dont il s'agit paraît avoir fait partie de la copie d'un traité d'entreprise pour les vivres ; il porte en tête :

Article 11 *du marché* (suit une nomenclature d'employés).

Mais on lit à la marge :

Entré le 19 *frimaire an VIII* (2 *décembre* 1799) *chez Jazédé.*

Entré le 19 *frimaire an IX* (10 *décembre* 1800) *au bureau des entrepreneurs.*

Jazédé était sans doute l'un des cophtes auxquels on avait confié le soin d'approvisionner l'armée, et Alexandre Lacorre paraît avoir conservé avec lui les meilleures relations, ainsi qu'on le verra par deux lettres que nous reproduirons plus tard.

Après cette indication toute personnelle, les notes recommencent à l'ouverture des premières négociations du général Kléber pour l'évacuation de l'Egypte.

Kléber, découragé par le départ du général Bonaparte, avait conclu, par l'intermédiaire de sir Sidney Smith, commandant du vaisseau le *Tigre*, une convention avec les plénipotentiaires du grand-visir, pour l'abandon de l'Egypte par les Français. Un traité, connu sous le nom de *Convention d'El-Arich*, avait été signé. Les deux premières notes d'Alexandre Lacorre, ainsi que la quatrième et la cinquième, rappellent divers envois de parlementaires et les mouvements de troupes qui eurent lieu pour l'exécution de cette convention (1). Voici le premier fragment :

21 frimaire an VIII (12 décembre 1799). Le 21, à une heure du soir, parut devant le port le *Tigre* et deux caravelles turques. L'Anglais a tiré le canon pour les appeler à l'ordre et les empêcher d'entrer.

Le 23, pavillon blanc au fort-phare.

Le 24, parlementaire venu à terre, le secrétaire de *Schmitte* (*sic*).

Le 25, pavillon au phare, aperçu douze voiles turques; arrivés tous les jours des bâtiments turcs et grecs.

Le 26........

La seconde note est ainsi conçue :

L'armée est partie le 16 nivôse (6 janvier 1800), pour Salehié.

El-Arich avait été pris par les Turcs quelques jours avant.

L'on attend le grand-visir sous peu. Le général en chef a fait porter au camp ses plus beaux tapis.

Les blessés sont arrivés le 27, au matin — sans doute le 27 pluviôse (15 février 1800).

---

(1) Nous avons consulté, pour rédiger ces notes, l'*Histoire de la Révolution*, de M. Thiers; celle du *Consulat*, du même auteur; les *Victoires et Conquêtes*, le *Voyage en Égypte* de Piétro, etc.

Le 3 ventôse, honneurs funèbres à un officier de la 4e.

Le 4, attaques de la part des Arabes; on leur a pris quatre cents moutons.

Le 5, au soir, première fête du Rhamadan.

Le troisième document est la copie d'une lettre de service, en date du 27 nivôse an VIII :

Rosette, 27 nivôse an VIII.

Au commis aux distributions de la place de Rosette.

Les accidents de peste devenant de jour en jour plus fréquents, la commission sanitaire a déclaré, citoyen, qu'il était urgent de mettre à exécution les mesures de précaution qui se pratiquent ordinairement dans ces sortes de circonstances.

En conséquence, à dater d'aujourd'hui, vous ne recevrez aucun bon, ni autres papiers quelconques dans le magasin, venant de dehors, qu'après avoir été passés au vinaigre, ou vous les prendrez avec de petites pinces et les mettrez ensuite dans le vinaigre, ou les parfumerez, selon que cela sera plus convenable.

Vous vous exposeriez à la rigueur des lois, si vous négligiez d'un seul point le présent ordre.

Je vous salue.

Pour le garde magasin :

Alex. LACORRE.

La quatrième note, qui paraît être la suite de la seconde , est ainsi conçue :

Le 9 pluviôse (29 janvier 1800), on nous annonça que l'armée, en suite de la paix conclue avec les Turcs (1) , partirait dans trois mois.

Le 13 (2 février 1800), on nous donna des nouvelles de France.

Nouvelles du Caire, le 14, au matin ; arrivées les barques portant le restant des vivres pour les blessés. Le pacha pris à Aboukir est parti pour Salehié avec son fils (2) ; il doit y avoir une grande réjouissance en l'honneur de la paix.

Le général Kléber est parti avec son état-major le 18 nivôse (8 janvier 1800), pour aller commander en personne l'armée de Syrie, qui va au-devant de l'armée ottomane, commandée par le grand-visir, qui s'avance vers les frontières d'Egypte.

Le 17 pluviôse (6 février 1800) , mort un boulanger de la peste.

Le 26, un autre....

CINQUIÈME NOTE.

Arrivé le 10 ventôse (1er mars 1800), un convoi du

---

(1) Convention d'El-Arich.
(2) Mustapha-Pacha, pris à la bataille d'Aboukir , gagnée par Bonaparte, sur les Turcs, le 25 juillet 1799.

Caire portant le dépôt de la 26ᵉ demi-brigade. Arrivé dans la nuit du 9 au 10, un brick venant de France, mouillé à Aboukir.

Le 14, partie la 15ᵉ demi-brigade pour aller réprimer les Arabes qui ont bloqué Burlos.

Le 15, arrivé un convoi du Caire amenant les dépôts de plusieurs corps.

Le 14 ventôse, au soir (5 mars 1800), ordre pour le départ des blessés le 15.

Le 15, au matin, contre-ordre.

Le 21 ventôse (12 mars 1800), ordre pour le départ des blessés.

Dans l'intervalle qui s'écoula entre le 12 mars 1800, où se termine la cinquième note, et le 16 avril, première date inscrite sur la sixième, le général Kléber avait reçu une lettre de l'amiral Keith, qui déclarait que « S. M Britannique lui avait donné l'or-
» dre de ne consentir à aucune capitulation avec l'armée fran-
» çaise, excepté le cas où elle mettrait bas les armes, se rendrait
» prisonnière de guerre, et abandonnerait tous ses vaisseaux et
» toutes les munitions des port et ville d'Alexandrie aux puis-
» sances alliées, etc. » Kléber fit mettre cette lettre à l'ordre du
jour de l'armée, en y ajoutant cette phrase énergique : « Sol-
» dats , on ne répond à une telle insolence que par des victoires ;
» préparez-vous à combattre ! »

Et les 20, 21, 22, 23 mars, dans une série de combats dont le plus célèbre est la bataille d'Héliopolis, le général Kléber détruisit la nombreuse armée du grand-visir.

Si Alexandre Lacorre n'a pas écrit la suite de son journal, il paraît s'être assez peu inquiété de ces grands événements, car il n'y

en a aucun souvenir dans ses notes ; il était peut-être occupé, pendant ce temps, à répéter l'opéra des *Visitandines*, qu'il jouait un
mois après avec *d'aimables jeunes gens !*

SIXIÈME NOTE.

Le 26 germinal (16 avril 1800), rien.

Le 27, grand vent nord-est , la mer grosse ; sur les
quatre heures, un bâtiment grec.

Le 28, rien ; promené en ville ; sur les six heures, un
bâtiment grec.

SEPTIÈME NOTE.

Germinal an VIII.

Le 29 (19 avril 1800), rien.

Floréal, le 1er, la barque et les enfants.

Le 2, rien.

Le 3, débarqué de l'*Emmanuel* , à deux heures après
midi ; chasse donnée par un brick anglais à une djerme,
partant pour Aboukir. Le soir, réunion d'aimables jeunes gens. Nous avons joué les *Visitandines* , et avons
beaucoup ri.

Le 4, embarqué le soir mes effets ; passé la nuit à
bord de la *djerme*, en compagnie de deux femmes, une
Turque et une jeune et jolie Française.

Parti le 5 à six heures précises , arrivé à Rosette à
une heure. Réception agréable.

Le 6, rien.

HUITIÈME NOTE.

Le 8 floréal (28 avril 1800), arrivé un courrier annonçant la prise du Caire (1). Arrivé, le même jour, un convoi de cinquante djermes.

Arrivé, le 10, un courrier d'Alexandrie, venant de l'amiral anglais.

Le 13, au soir, salve d'artillerie en l'honneur de la veille de la fête du Prophète.

Le 14, grandes fantaisies (phantasia) ; fêtes de la naissance du Prophète et commencement de l'année 1214 de l'hégyre.

Les 15 et 16, grande fête.

Le 17, dîné à la campagne de Jazédé.

NEUVIÈME NOTE.

Le 30 floréal (20 mai 1800), fêtes et illuminations pour la prise du Caire.

Le 1er prairial (21 mai 1800), vu une corvette vers la ligne orientale du *Bogar* (2), battant pavillon blanc.

Le 2, arrivé l'équipage anglais, prisonnier, au nombre de cent cinquante.

---

(1) Le Caire fut pris le 21 avril par le général Kléber, qui rencontra la plus vive résistance de la part des habitants de cette grande ville et des troupes ottomanes qui y étaient renfermées.

(2) Bouche du Nil.

DIXIÈME NOTE.

La lettre qui suit et qui forme la dixième note est, sans contre-dit, l'un des fragments les plus intéressants laissés par l'auteur du journal :

Abou-Mandor, le 5 prairial an VIII (25 mars 1800).

Je vous ai envoyé, ce matin, mon cher Jazédé, par le *Raijs Salem*, mon récépissé de 2,000 rations de biscuit que vous m'avez expédiées de vos magasins; je ne puis croire que cette pièce se soit égarée entre les mains du commissionnaire; mais si cependant il en était ainsi, je vous en referais une autre *par duplicata*.

Envoyez-moi, je vous prie, demain dans la journée, les 800 rations de fourrage que le commissaire doit vous avoir donné l'ordre de m'expédier. Le régiment des dromadaires et la cavalerie syrienne sont ici en observation, et n'ont rien pour nourrir leurs animaux.

Rien de nouveau ici. A chaque heure du jour, je suis perché sur la tour avec ma longue-vue pour examiner les mouvements de l'escadre ennemie. Leurs dispositions sont lentes, et cette expédition m'a tout l'air d'une fausse attaque ou d'une fanfaronnade du capitan-pacha.

J'ai compté, ce matin, quarante-deux vaisseaux de guerre, y compris frégates et corvettes. J'ai distingué parmi cette flotte quatre pavillons anglais, et je crois même y avoir reconnu le *Tigre*; sans doute que M. Smith y est avec sa division. Je n'ai pu apercevoir les bâtiments de transport, parce qu'ils se tiennent plus au large.

Nous avons eu, ce matin, la visite du cheik de la tribu des Terrabins. Cet homme, noir comme les nègres du fond de l'Afrique, a, dans le visage, toutes les formes européennes. C'est une chose digne de remarque que la vivacité des yeux et de l'esprit de ce sauvage. Il répond à tout avec une finesse, une gaîté et une promptitude sans pareilles. Il n'est embarrassé sur rien. Il paraît qu'il a reçu de bons traitements de Bonaparte, car il ne le nomme pas autrement que son ami, son frère ; enfin, l'homme puissant. Il regrette beaucoup qu'il ait quitté l'Egypte, et il espère que, par l'entremise du Prophète, il le reverra, soit dans ce monde, soit dans l'autre. La brave tribu de ce cheik est campée à un quart-d'heure d'ici, en marchant vers l'Orient. Il m'a beaucoup invité à venir le voir pour me montrer ses sujets et sa ville ambulante. Il fournit neuf cents hommes armés, qui sont là pour harceler l'ennemi s'il tente un débarquement.

On attend demain le général Kléber, qui vient ordonner la défense de la côte. Vous savez que notre armée prend position à Rahmanié. Ce plan est sage, parce que cette place étant le centre de nos possessions, on peut se diriger comme on veut, et, dans un cas pressant, se porter avec promptitude vers le point menacé.

ONZIÈME ET DOUZIÈME NOTES.

Le 6 messidor (25 juin 1800) , chute d'une maison. Effets terribles.

Le 29 messidor , échoué un brick turc sur la côte. Vingt hommes d'équipage.

TREIZIÈME NOTE.

Parti de Rosette le 3 fructidor (21 août 1800); arrivé en quarantaine le 6 dudit, à quatre heures ; sorti le 10 de quarantaine ; logé au comité ; dîné le 11 aux transports; présenté le 17 une pétition à l'ordonnateur en chef ; retourné chez lui les 20, 21, 22, 23, 24, 25 et 26. Il envoya ma commission à l'entrepreneur que je reçus le 28 au matin ; soupé le 27 à l'église des Cophtes. Le 29, refusé définitivement la place dans la trésorerie auprès du citoyen Chanazeilles.

Le premier jour complémentaire (18 septembre 1800), arrivé de France le frère du général Damas. Le soir, salve d'artillerie pour les bonnes nouvelles qu'il apporte. Beaucoup de personnes ont reçu des lettres de leurs familles.

QUATORZIÈME NOTE.

Les 29 et 30 brumaire (20 et 21 novembre 1800) , préparatifs pour notre départ.

Le 1er frimaire (22 novembre 1800) , partis de Ro-

sette à une heure de l'après-dîner ; embarqués sur le
Mâach du Raijs-Aly, Rechissiny Ab-ou-Cherif. Vent
nord-ouest et petite pluie. Arrivés dans la nuit à Rhamanié; le matin, à la pointe du jour, à Mahomet Ab-
ou-Aly. Arrivés à Boulak le 4, à une heure du matin ;
heureuse traversée ; débarqués le 5 , au matin ; vu un
camp d'Arabes sur notre droite , mais point d'attaque
de leur fait.

Comme on le voit par la quatorzième note, Alex. Lacorre avait
été rappelé par son service à Boulak ou au Caire. Un intervalle de
sept mois existe entre la note dont nous venons de parler et celle
qui la suit. Pendant cet espace de temps, des faits graves s'étaient
accomplis, et ils nécessitèrent l'évacuation de l'Egypte par les
troupes françaises. Voici le récit sommaire de ces événements :

Depuis la mort du général Kléber, l'Egypte avait été déplorable-
ment administrée par son successeur, le général Menou, et les divisions les plus fâcheuses existaient entre les chefs principaux de
l'armée française. Dans les premiers jours du mois de ventôse an
IX (février et mars 1801), l'Egypte fut envahie par une armée
anglaise débarquée à Aboukir, et par une armée turque arrivée
des frontières de Syrie. Après avoir fait la faute de laisser aux Anglais le temps de se retrancher d'une manière formidable, le général Menou leur livra bataille le 30 ventôse (21 mars
1801), et il fut vaincu par eux. La perte de cette bataille de Canope ou d'Alexandrie fut suivie de la prise de Rosette et de l'a-
bandon du poste important de Rhamanié. Ce dernier échec coupa
en deux l'armée française, dont une partie se trouvait à Alexandrie, sous les ordres du général Menou, et l'autre au Caire , sous
ceux du général Belliard.

Le général Belliard fut bientôt menacé pas les armées combi-

nées de l'Angleterre et de la Porte. Les retranchements qu'il avait
élevés étaient considérables, et il espérait pouvoir défendre le Caire
avec succès au moyen des 7,000 hommes placés sous ses ordres,
lorsque la peste se déclara dans l'enceinte de la ville avec une
violence telle, que les plus vieux habitants de la cité ne se rap-
pelaient pas d'avoir vu ce fléau sévir avec une telle intensité. Au
moment où les forces ennemies se présentèrent devant la place,
treize cents soldats avaient déjà succombé, et plus de mille malades, appartenant à l'armée, encombraient les hôpitaux de la ville.
Le général Belliard, désespérant de pouvoir se défendre avec succès, convoqua un conseil de guerre pour remettre entre ses mains
la décision qu'il convenait de prendre dans l'intérêt de l'armée.
Le général Lagrange conseilla de ne point traiter sans connaître
les intentions du général en chef Menou. Le général Donzelot proposa de se retirer dans la Haute-Egypte, et d'y faire la guerre à la
manière des Mameloucks, en attendant les secours que le gouvernement français enverrait en Egypte. Ce fut ensuite au tour du
colonel Dupas à parler, et nous croyons qu'on lira avec plaisir la
harangue toute militaire prononcée par cet officier :

« Qui de nous, messieurs, se fût imaginé, à l'époque de l'entrée
triomphale de notre armée en Egypte, que nous serions obligés
un jour d'aviser aux moyens de nous y soutenir, ou de proposer
des mesures qui puissent nous en faire sortir sans compromettre
notre honneur ! Tel est, cependant, l'état où les événements les
plus malheureux viennent enfin de nous réduire. Mais avant de
songer aux moyens de reculer notre défaite, ou de la couvrir du
moins de couleurs honorables, ne nous reste-t-il plus aucun espoir dans la victoire ? N'avons-nous plus ces mêmes soldats qui,
au nombre de quatre mille, ont culbuté vingt mille Turcs dans la
mer d'Aboukir ? N'avons-nous plus ces mêmes soldats qui, dans
l'espace d'un mois, ont reconquis toute l'Egypte sur une armée
de quatre-vingt mille hommes? Les temps ne sont plus les mêmes,

pourra-t-on me répondre; alors aucune défaite n'avait souillé notre
gloire. Faibles raisons ! Ce ne sont point les armes de nos ennemis
qui ont abattu notre puissance en Egypte, nous ne devons nos
ma'heurs qu'à nos propres divisions Osons croire qu'il est en notre pouvoir de vaincre, et nous serons victorieux. Croyez-moi,
messieurs, abandonnons nos retranchements, allons affronter l'ennemi dans les siens, et nous y retrouverons encore une victoire
glorieuse. Si ce moyen nous manque, si nous sommes obligés de
rentrer de nouveau dans les murs du Caire, et qu'il ne nous reste
plus d'autre alternative qu'une capitulation ou la mort, arrêtons-
nous à la mort, et choisissons-en une qui réponde à la grandeur
de notre renommée. Quel sujet d'orgueil pour la France, quel sujet d'admiration pour l'Europe, lorsque l'une et l'autre appren-
dront qu'il s'est trouvé cinq mille Français qui ont préféré la
gloire à jamais immortelle de s'ensevelir sous les ruines d'une
ville, à la honte de céder à l'ennemi ! »

Ce discours excita, comme on le comprend, un vif enthousiasme;
mais les esprits froids et sérieux qui siégeaient au conseil n'eurent pas de peine à montrer l'impossibilité d'exécuter les plans
proposés, et combien il était plus utile pour la France de conserver cinq mille soldats aguerris au moyen d'une capitulation hono-
rable, que de condamner ces braves troupes à une mort certaine,
sans aucun résultat utile pour la patrie.

Le général Belliard conclut, en conséquence, une capitulation
en vertu de laquelle il sortit du Caire avec armes, bagages, artillerie de campagne, caissons et munitions. La garnison du Caire se
rendit ainsi au bord de la mer, pour y être embarquée et trans-
portée en France, ainsi que tous les objets ci-dessus désignés,
aux frais des puissances alliées.

Les deux notes d'Alex. Lacorre qui suivent donnent quelques
détails sur l'évacuation du Caire :

QUINZIÈME NOTE.

Le 4 messidor an IX (23 juin 1801), parlementaires de part et d'autre ; conférence pour l'évacuation.

Le 9 messidor, traité définitivement pour la remise de l'Egypte aux armées alliées.

Les 10, 11, 12, 13, 14 et 15, grands mouvements pour l'évacuation.

L'armée française était rendue à l'île Raoudah , Ibrahim-bey et Gizeh le 21, à une heure du matin. Elle est restée cinq jours à Gizeh, et en est partie le 25, au soir (14 juillet 1801), pour se rendre à Aboukir. Ses bagages et vivres, embarqués sur les djermes et escortés par des bâtiments armés des puissances alliées , et l'armée filant sur la rive occidentale ; mis treize jours en route.

SEIZIÈME NOTE.

Souvenir.

Le 16 messidor an IX (5 juillet 1801), arrivés les dromadaires d'Alexandrie.

Le 17, salve d'artillerie pour la translation du corps du général Kléber.

Le 20, à midi, arrivée des commissaires anglais pour passer les inventaires des magasins.

A minuit, évacuation du Caire, de Boulak et de la citadelle par l'armée française , et entrée des armées alliées.

Parti seul à six-heures de la citadelle pour aller voir Jazédé chez Ali-Aga, où il était réfugié, j'y ai passé la nuit
que nous avons employée presque entière à causer. Parti
de chez Ali-Aga à cinq heures du matin pour me rendre
à la citadelle, croyant que les Français y étaient encore,
ma surprise fut d'y trouver les Anglais ; ils veulent me
retenir comme prisonnier de guerre. Je leur fais lire le
traité, ils me laissent aller ; mais ils me refusent une escorte pour m'accompagner jusqu'à nos avant-postes. Je
rencontre, en traversant la place de la citadelle, Nassif-
Pacha (1), qui me questionne ; il me demande si les troupes françaises avaient évacué le Caire et ses dépendan-
ces. Je répondis à S. A. que je l'ignorais.

Parti d'Aboukir le 18 thermidor (6 août 1801).

DIX-SEPTIÈME NOTE.

La lettre suivante paraît avoir été adressée à Jazédé :

Mon adresse est : Le citoyen Alex. Lacorre, rue Saint-
Sébastien, n. 19 (au Marais), à Paris.

Vous me donnerez votre nouveau nom, votre qualité,
votre résidence, le tout en français et en arabe, afin

---

(1) Nassif-Pacha commandait les Osmanlis pendant la révolte du
Caire en mars et avril 1800 ; ce furent lui et Ibrahim Bey qui
signèrent la capitulation accordée par le général Kléber à cette
ville.

qu'en vous écrivant, je vous mette l'adresse dans les deux langues.

Vous me donnerez de vos nouvelles, de celles des affaires du pays. J'en ferai autant de mon côté. Nous pourrons ainsi entretenir une correspondance aussi aisée que sûre, car les bâtiments grecs et turcs font faire le commerce entre l'Egypte et la France sans aucune gêne. Saisissez toutes les occasions de m'écrire. Quant à moi, je n'en négligerai aucune ; je vous mettrai au courant de tout, et nous ne savons peut-être pas combien cette correspondance peut nous devenir avantageuse. Je ne réponds pas des événements. On est souvent forcé de prendre des partis violents.

Je ne sais encore si tout ce que je vous dis là, cette correspondance, je veux dire, est de votre goût. Dites-le-moi.

Jazédé, cophte, sujet égyptien, se trouvait, comme on le voit par la lettre et la note qui précèdent, obligé de changer de nom et de résidence pour éviter les persécutions dont il n'aurait pas manqué d'être l'objet de la part des Turcs, comme ayant été attaché à l'armée française.

On voit, par la lettre d'Alexandre Lacorre, qu'il ne regardait pas l'évacuation de l'Egypte par les Français comme une chose définitive. Les précautions qu'il prend pour conserver des relations avec ce pays prouvent suffisamment qu'il l'abandonnait avec un esprit de retour. Cela se comprend. En voyant à la tête du pouvoir, en France, le général qui avait conçu et dirigé l'expédition d'Egypte, il était naturel de croire qu'il emploierait à la faire réussir une partie du pouvoir immense dont il était dépositaire. Sans aucun doute, telle était la pensée du général Bonaparte ; les prodigieux événements dont la carrière du conquérant fut rem-plie, de 1801 à 1815, ne lui permirent pas de réaliser cette partie de ses vastes projets. Mais l'Angleterre, qui persévéra dans sa lutte contre Napoléon jusqu'au moment de la chute de celui-ci, a poursuivi avec autant de constance le projet conçu par elle de dominer l'Egypte, cette grande route de l'Inde. Les nouvelles di-visions qui viennent d'éclater entre la Porte et Abbas-Pacha lui fourniront probablement les moyens de parvenir à son but. Ainsi s'accomplira la contre-partie des espérances que concevait, en quittant l'Egypte, l'obscur commis aux vivres dont nous avons imprimé les souvenirs.

FIN.

www.ingramcontent.com/pod-product-compliance
Lightning Source LLC
Chambersburg PA
CBHW072110090426
42739CB00012B/2910